人間だもの

村西とおるの全裸人生相談

Muranishi Toru

村西とおる

飛鳥新社

まえがき

文字通り、これまで倒《こ》けつ転《まろ》びつの目を覆《おお》うばかりの人生を歩んでまいりました。愚《おろ》か者よ、との誹《そし》りを受けても間違いない痴《し》れ者《もの》でございます。

そんな手前どもが「人生相談」なる身のほど知らずのお仕事を引き受けさせていただきましたのには理由があります。

長姉の夫、義兄の存在です。義兄は二十年前、第一線のカメラマンとして活躍していた時、不慮の事故に遭い脊髄《せきずい》損傷を負い、下半身麻痺《まひ》となり車椅子の生活になりました。

病院でリハビリ生活を続け、一年後ようやく退院できました。

突然の車椅子生活となって相当に憔悴《しょうすい》しているのではないかとの心配は杞憂《きゆう》であったことが、再会した瞬間にわかりました。思いのほか元気で、その目には以前と同じような精気が宿っていたからです。

義兄は力強く語りました。

「病院のベッドで担当医師から生涯自分の足で歩くことはできないと告げられた時はショックで落ち込んだ。まだ働き盛りの五十代なのに、これから家のローンや家族の生活のことを考えると、いたたまれなくなり、皆のお荷物の人生を生きていくくらいなら、いっそ自分で命を絶ちたいとまで思い詰めた。

どう死んでやろうかとそのことばかりを考えている時に、隣のベッドにハンググライダーで墜落し大怪我をした二十代の青年が運ばれてきたんだ。その青年は俺と同じように脊髄損傷だったが、もっと重症で、全身麻痺で手も足も動かすことができない。目を左右に動かし、ようやく、口をきくことが精一杯だった。青年はこの状態でこれからの一生を生きるのかと考えると言葉がなかった。

そこで思ったんだよ。上には上がいるもんだ、って。自分の下半身麻痺なんて救われているほうだってね、それからだよ、死ぬことを考えるのをやめて、リハビリに精を出し、一日も早く退院できるようにと頑張ることができるようになれたのは」

この時、義兄がパワフルに情熱的に語った姿が鮮烈でした。

そして、「碩学《せきがく》の珠玉《しゅぎょく》の言葉で綴《つづ》られた人生論より、自分よりもっと悲惨な人生を歩んでいる人間を知ることで人は救われ、元気を取り戻すことができる」ことを学んだのです。

よく中小企業のお父さんが月刊『Hanada』の連載のご縁からでしょうか、八方塞《ふさ》がりとなってご相談に来られることがあります。憔悴しきって「もうダメだ」と訴えるお父さんに、はじめに「前科はいくつありますか?」とお尋ねします。するとお父さんは色をなして「滅相《めっそう》もない、前科などありません」とお答えになられます。

そこで手前どもは申し上げます。「私は前科七犯です。加えて米国連邦大法廷で三百七十年の懲役を求刑されたことがあります」と。

続いて「借金はいくらありますか?」とお尋ねします。「借金は七千万円もあるんです」の虚《うつ》ろな目で嘆息《たんそく》をつかれます。「なんだ、そればかりの金額ですか、片腹痛い。私は五十億の借金ですよ」と申し上げるのです。

そして、「女房ドノとの夫婦の営みを町内会の皆さまにご開帳《かいちょう》したことがありますか」とお尋ねします。するとお父さんは目をむいて「そんな人でなしなことをしたことはありません」と断固としてお答えになるのでした。

そんなお父さんに「私はその人でなしのことをやって、女房ドノとのSEXをビデオに撮って数百万人のお客さまにお披露目《ひろめ》してきました」と申し上げました。

お父さんはア然としながらも、徐々に元気を取り戻されていき、一時間もすれば、やがてお父さんは高倉健さまの任俠《にんきょう》映画の映画館から出てくる観客のように、胸を張ってお帰りになるのでございました。

あたかも大海《たいかい》を知った蛙《かえる》のごときに心を躍らせて、でございます。

手前どものようなナラズ者の存在の意義は、斯《か》くのごとき生きる希望と自信を失った方に、己の存在を知らしめることで「こんなアンポンタンより自分のほうがまだマシだ、もう少し頑張って生きてみよう」との力をお届けすることと承知しています。運命に弄《もてあそ》ばれて、どうにも逃げ場がなくなった人間を、助け出す方法は一つしかありません。

それは前述したように、自分よりもっともっと、目もあてられないような絶望の状況を生きている人間を伝えることなのです。

その意味でこの『人間だもの』は、ともすれば不遇の運命に翻弄《ほんろう》されて疲労困憊《こんぱい》となり、すべてを投げ出しかけているあなたさまに「絶望とは、この本の未読者ゆえの愚かな結論である」ことを、知らしめてくれる一冊となることを確信いたしております。

最後に、置き引きや万引きより少し上で、ポン引きと同じレベルのエロ事師《ごとし》に「人生相談」というチャンスを与えてくださった、もはや手前どもの文章作法の師でもある、月刊『Hanada』花田紀凱編集長に、心からの感謝と敬意を表したく存じます。
また、編集に携《たずさ》わっていただいた月刊『Hanada』、佐藤佑樹氏、野中秀哉氏、ありがとうございました。

ナイスですね！

二〇二一年三月

村西とおる

人間だもの

目次

二十歳でハゲってなんやねん

Q

神様は不公平だ。まだ大学二年なのに、すっかりハゲてしまいました……。四十代ならあきらめもつきますが、俺はまだ二十歳《はたち》です。死にたいです。人の目が見られません。バラ色のキャンパスライフってなんですか。女も就職も、このままでは無理ですよ。ハゲ好きの女はいると聞きますが、どこにいるんですか。探して見つかるものなんですか。なんやねん、俺の人生……。

（京都府・大学生・20歳）

A

神様は不公平だなんて、随分と大それたことを平気でおっしゃるんですね。

でも、大学二年なのにすっかりハゲてしまったことで、なんという神様のイタズラ、「死にたい」とまで口走られておられるに至っては、見過ごすことができません。「ハゲ好き」の女性が実際にいることを、手前どもの経験からお話しします。それも舌《した》舐《な》めずりして、ハゲのあなたさまを見ている女性がいることを、です。

ひと昔前の裏本時代の頃です。カバン屋稼業をやっている若い夫婦がいました。若いといっても亭主のほうは二十代後半で、奥方のほうは一回り年上の姉さん女房でした。

その日、ビニ本店に裏本を売りに行ったご亭主が待ち構えた刑事に逮捕され、警察の留置場に勾留《こうりゅう》されました。普段は一緒に商売をしに行っていた奥方でしたが、風邪をひいて休んでいたために、危うく難を逃れたのです。

弁護士をつけて救出活動に乗り出しましたが、ご亭主は弁護士は不要と追い返しました。それではと、奥方が下着を持って面会に参じましたが、こちらも面会拒否にあいました。

奥方は「ひょっとしたら、私のことを警察に売ったかもしれない」と疑心暗鬼に陥《おちい》りました。そこで手前どものところに泣きの涙で、「どうしましょう」と相談に来られたのです。

蛇《じゃ》の道はヘビで、警察に伝手《つて》がありました。その伝手を頼って面会拒否の理由を聞きだしました。

理由はご亭主のハゲ頭にありました。それまでカツラで誤魔化してきましたが、留置場では許されず、愛する奥方につるっ禿《ば》げの姿を見せるのは死ぬより辛い、と面会を拒絶していたというワケです。

奥方にそのことを伝えると、「アノ人がハゲだなんて、付き合っていた時から知っていたわよ、百メートル先からもハッキリわかるカツラをつけていたんだもの」と激昂《げっこう》しました。

そして涙を見せながらも奥方は、はにかんだ表情を浮かべていました。年下の亭主の裏切りでなかったことに安堵《あんど》すると同時に、少しでも疑いを持った自分が恥ずかしかったのでしょう。

奥方は言いました。「私は寝ているとき、コッソリ、アノ人のハゲ頭を見るのが好きだったの」と。

他にも、ハゲ頭の男性をこよなく愛する女性との出会いがありました。

何度目かの逮捕をされた時の留置場でのことです。昔は隣の房とはスレートで仕切られ、そこに女性の留置者がいました。その女性は白いミニスカートの美人でした。彼女の容疑は結婚詐欺です。その彼女が「私の好きなタイプの男はハゲだ」と語ったのです。詐欺をして手にした金をどんな男に貢《みつ》いでいるのか、という問いへの答えが「ハゲ」でした。

「ハゲはね、ひたすら女に尽くしてくれるのよ。色男と違って、そうでもしなければモテないことが自分でわかっているのよ。煙が出るぐらいに舐められる気分って、ハゲの男からしか味わえないのよ。やればやるほど好きになる、男はハゲに限るわね」のご託《たく》宣《せん》であったのです。

AV業界にも、女優さまから引く手数多《あまた》の人気男優がおります。別名「舐めダルマ」と呼ばれていますが、ブ男のハゲ坊主でありながら、舐めが凄くて一度共演した女優からのオファーが絶えません。

これで、冒頭に申し上げた「あなたを舐めずりして見ている女性がいる」理由をご理解いただけたでしょうか。

自分に幻滅してはいけません。自分を愛せる人間が他人からも愛されるのが「人間だもの」でございます。

とめてくれるな、おっかさん

Q

「新型より、新台だよ」。おとうちゃんはそう言って、毎日、パチンコに行っております。大勝ちもしなければ、大負けもしない。節度ある遊興なので、家族としては不満はありません。が、新型コロナで自粛、自粛のなか、「想像力のないクソジジイ！」などとおとうちゃんが叩かれはしないか、ただただそれが心配なのです。かといって、「行かないで！」と袖《そで》をつかむのもなんだかオーバーワークのような気もして……。私たちは「バカ夫婦」なのでしょうか。

（埼玉県・主婦・68歳）

A

日本全国が、テレビメディアが創り出した「コロナ怖い」ウイルスの感染を受けて、常軌《じょうき》を逸《いっ》しています。こうした騒動から一歩距離を置き、しばし手慰《てなぐさ》みの時間に心を遊ばされる「おとうちゃん」こそ、節度ある人間といえましょう。

東京では「自粛要請」を受けていますが、パチンコ店内は最も濃厚接触が少ない環境に保たれています。左右のご同好の皆さまは、ただひたすら前の台を見て「穴入れ」に夢中で、濃厚接触の機会などほとんどない理想的空間、といって差し支《つか》えありません。

また、店内は換気に随分と気を遣い、大型空気清浄機が稼働し、室内の空気が清潔に保たれていることで知られています。

「コロナ怖い」と家に閉じこもり、庭いじりや石磨きに精を出されていては、肝心の「心と体」の健康が損なわれてしまう虞《おそ》れがあります。

玉が「入った」快感に酔いしれ興奮することで、新陳代謝が促進し、細胞が活性化され、「コロナに打ち勝つ」強靱《きょうじん》な免疫力を獲得することが期待されるのは、オ○ンコに共通する「玉入れ」の効用です。

新型コロナで自粛、自粛と叫んでいる人は、不幸なことに頭が良すぎです。豊かな想像力が災いして、まだ起きてもいない不幸に敏感に反応しているのです。

しかし、徒《いたずら》に不安に駆られることほど無益な動揺はありません。そうした不安を放任すれば、あとは際限なく不安は膨らみ、すべての「病気のリスク」が怖くなり、挙句に本当に具合が悪くなってしまう虞れがあります。

斯《か》くのごとき自傷行為から免れるには、ネガティブな想像をやめることです。想像する力は偉大です。自制的にコントロールをしなければ、やがてはその強大な想像の力に押しつぶされて、何もできない人間になりかねないのです。

あなたさまご夫婦はバカ夫婦ではありません。自分の推理や想像力で自らを奈落《ならく》の底に突き落とす愚かさとは無縁な賢人といっていいのです。

目立つことが大好きで、出たとこ勝負の口から出まかせ詭弁《きべん》のスペシャリスト・東日本チャンピオン小池学歴詐称疑惑知事は、「緊急事態宣言」で「経済より命が大事」と久しぶりに浴びるスポットライトの快感に酔い痴《し》れています。

バカをいうなかれ、です。「コロナ怖い」で経済が崩壊したら、コロナどころではない桁違《けたちが》いの犠牲者が出ることをご承知か、です。

欧米では、同時多発的にコロナ感染者が増大しました。わが国においても相当数の感染者がいることが予想され、今後ＰＣＲ検査数を増やしていけば感染者が大幅に顕在化《けんざいか》するでしょう。

が、コロナの恐怖は感染者数ではありません。たとえ今後、一日四桁の数の感染者が報告されても驚くに値《あたい》しません。

あらゆる病気の怖さは死者の数です。罹《かか》ったら確実に死ぬ、というから人々はパニックに陥《おちい》り、怯《おび》えるのです。ニューヨークの惨状は「明日はわが身」と警鐘《けいしょう》を鳴らしていますが、間違っています。ニューヨークと日本の医療システムや市民の衛生環境や自己免疫力には、甚《はなは》だしい乖離《かいり》があります。

死者数や、感染者数が米国と比べて数十分の一に過ぎないのに、なぜ日本が、東京が「緊急事態宣言」を出さなければならないのか、その根拠が問われているのです。

徒に起きてもいない厄災に思い煩《わずら》い、人生を台無しにすることなく、いまそこにあるSEXなどの楽しさを味わい生きるのが「人間だもの」でございます。

Q 妻のマスクをひっぺがしたい

妻が家でもマスクをしております。食事と風呂以外、マスクをしたまま。さすがに私には「家マスク」を強制しませんが、自分だけはなにがなんでも生き延びる、そんな卑《いや》しい心持ちが透《す》けて見え、腹立たしいかぎり。マスク不足が叫ばれるなか、家にはマスクがたっぷり。すぐ影響を受ける、典型的な「ワイドショー・ワイフ」です。マスク女子はかわいく見えると申しますが、マスクおばさんは醜悪《しゅうあく》そのもの。寝ている間に、マスクをひっぺがしたい。いつまで我慢できることやら――。

（静岡県・会社員・63歳）

A

同じようなマスクおばさんを奥方に持つ知人の男がいます。知人の男は、その災いを転じて福と為《な》しました。

男は、己も夜の営みの際にマスクを被《かぶ》り、コトに及ぶことにしたのです。最初、奥方は恐怖の表情を見せましたが、次第に心と体を開いたといいます。

互いの面妖《めんよう》な姿が新鮮となり、やがていまでは鞍馬天狗《くらまてんぐ》のような覆面マスクのいで立ちでまぐわい、新しい夢、幻を見ているというのです。何があってもタダでは起きぬ、この仮面の夫婦のようなそんな気概が求められる昨今のご時世でございます。

「ひっぺがしたい」と言い募られてのあなたさまですが、そんな奥方のこの世のモノと思えぬ喘《あえ》ぎ顔を食べちゃいたいくらいに愛おしく思われ、一晩中求め続けたのは誰であったのでしょう。

いずれ白い布で顔を覆《おお》われ、この世とオサラバする運命、その予行演習をしているのか、「ご苦労さま」との広く労《いたわ》りの気持ちで見てやっていただきたいのです。

さすれば、マスクをして右往左往する奥方を見ても腹立たしく思われることなく、「俺の代わりに長生きをして、年金の元を取ろうとしてくれているのか」と頼もしくさえ感じられるに違いありません。

愛とは、そもそも自分とは異なる存在に魅《み》せられること、です。それゆえに、あなたさまのようなごりっぱなソソり勃《た》ちを持たずとも、ただシトド濡れて糸引いたアワビを秘匿《ひとく》する奥方と結ばれたのでございます。

こうした凸《とつ》と凹《おう》という、対立し、矛盾する相手を喜び愛するのだという男と女の「愛の定理」に、還暦を過ぎられたあなたさまには殉《じゅん》じていただきたく存じます。

あなたさま夫婦には適度に敵対し、互いを刺激し合い、できるだけ健康で長生きをしていただきたい、が社会の要請でございます。その意味で、マスクごときで「腹立たしいかぎり」とエキサイトなされる若々しいあなたさまは、望まれる熟年世代のありようとして及第点をつけられて然《しか》るべきかと存じます。

朝から晩まで、メディアは「罹《かか》ったら死ぬ」ペストのごとくコロナで大騒ぎでございます。

人の不幸を飯のタネとしている極道稼業のメディアの、徒《いたずら》に不安を煽《あお》って銭儲けをしようとする下卑《げび》た魂胆に、国民は辟易《へきえき》しています。

ある女性の感染学の大学教授などは、「恐ろしいことです」と遠い目でアカデミー賞顔負けの演技をして、テレビ局を嬉しがらせている始末。あなたはなぜ、日本で毎年約一万人が犠牲になっているインフルエンザ流行期に、いまのように大騒ぎをしなかったのか。

リスクのない社会はありません。リスクを恐れ、安心ばかりを求めていては、社会は自滅します。日本では交通事故で三千人以上が死亡し、数十万の負傷者が出ても、大気汚染で数万人、お風呂場で年間二万人が死んでも、それらを許容しているのはリスクより利益が大きいからです。

コロナより百倍怖いのは貧乏です。

大山鳴動《たいざんめいどう》して鼠一匹《ねずみいっぴき》となった暁《あかつき》に、弱い立場の人、貧しい人の犠牲の山が築かれることを恐れるのです。日本の高度な医療システムと清潔な生活環境をもってすれば、世界はどうであれ、この新種の、風邪の一種に過ぎないコロナを私たちは克服できると信じています。

マスクを外した奥方の唇に熱き接吻《せっぷん》を。病める心身に最も効くのが「愛」であるのが「人間だもの」でございます。

旦那、テレワーク続くってよ

Q

コロナ離婚を考えています。理由は、旦那がいるとイライラするから。イライラする、それがすべて。五月が終われば、と自分に言い聞かせ、ぜえぜえ言いながら我慢してきたのですが、五月半ばに旦那から「まさか」の報告が。「テレワーク続くってよ」。働き方を変えるチャンスにするのはいいこと。でも、私の旦那は、新型ではなく、旧型でいいのです。革新よりも、保守ですよ。「三密」とまでは言いません。「二密」を避ける方法を教えてください。

（愛知県・主婦・48歳）

A 見ぬもの清《きよ》し、といいます。

知人の銀座のクラブのママは、苦手なお客に食事に誘われると決まって「お鮨《すし》」を所望します。それもカウンターの席を選んで、です。

テーブルを挟んで相対して食事をしていると、どんな料理もまずく感じるからです。目の前にいるイキのいいお気に入りの板さんが握る鮨をつまんでいると、隣の好きでもないお客の存在が気にならなくなり、上質な鮨を存分に楽しめるというわけです。ママは逆に、好きなお客とのお食事では「しゃぶしゃぶ」や「すき焼き」を選びます。互いの目と目、箸《はし》と箸がカラミ合い、極上の味へと昇華させることができるのです。

こうしたママの所作を参考になされて、旦那さまとのお食事タイムでは「小池知事が〝感染予防に効果的だから、普段の家庭生活でも夫婦は横並びのポジションで食事をするように〟と言っていた」との名分で、顔を見ないで済むソーシャルディスタンスを確保なされるのがよろしいかと存じます。

手前どもの女房ドノは、怠《おこた》ることなくはるか十年前から食卓での社会的距離を取っています。ご機嫌ナナメな時は、海水浴場でするような濃いサングラスをかけるのも定番です。

あなたさまも、こうした「見ぬもの清し」の知恵を発動なされて、上機嫌にお過ごしになられてはいかがでしょうか。

手前どもの食卓には高血圧発症に効果がある塩分の多いおかずが並び、糖尿病を招く危険のある甘いデザートが欠かさず提供されています。そうしたメニューに文句をつけることなく「おいしい」と食べることで家庭円満になるのならと、ありがたくいただいています。

この際、ウップン晴らしに、そうした工夫をなされて、欲求不満解消を試みられるのも一考か、と存じます。

旦那さまとの離婚など、いつでもできます。

手前どものAVに出演なされば、それで一発で三行半《みくだりはん》を賜《たまわ》ることができるというものです。が、急《せ》いては事をし損ずる、と申します。

これから先、旦那さまが退職金を手になされたり、年金暮らしが可能となった暁《あかつき》には、伴走者としての分け前にあずかるチャンスが訪れます。まだ旦那さまの使い勝手があるうちは、短気を起こさないほうが身のためです。

私たちは、突然の病や愛する人との別れ、生まれつきの容姿や、どうにも止まらない性欲や、「コロナ禍」に見られるように、いかに悩もうとも自分の力だけではどうにもならない宿命を生きています。解決する方法は一つしかありません。相手や状況が変わらないのなら自分の考えを変えること、それしかないのです。

旦那さまをいまさらあなたさま好みに変えることは、太陽が西から昇ることを望むような途方もないことです。あなたさまと旦那さまは、もはや互いの両手両足、上下の歯並びのような、切っても切れない「運命共同体」の関係です。

そうした旦那さまに不満を抱く自分の心を静かに覗《のぞ》いてみれば、不満の底には嫉妬《しっと》が横たわっているのが見え隠れしていることに気づきます。

自分だけが損をしているという損得勘定が、旦那さまへの嫌悪感のもととなっているのです。煙が立ち上《のぼ》るほどの旦那さまの激しい突きにパラダイスを見た、あの夢のような日々を思い出してください。

相手の長所を見ることに回帰し、ただ欠点だけをあげつらう魂とオサラバすることで、ようやく救われるのが「人間だもの」でございます。

おまえを大学に行かせる余裕はねえ

Q

「大学行けねえなら、死んだほうがましだ！」。世が外出自粛のなか、先日、バカ息子は家を出ていった。バカやろう、死にてえのはこっちだ。おいらは、中卒だ、文句あっか。かあちゃんとふたり、三十年も休みなく働いてきた。高菜チャーハンだってまだまだ作れんだよ。でもよ、このコロナ不況じゃあ、おまえを大学に行かせる余裕はねえんだ。てめえの道くらいてめえでなんとかしろ！　監督さん、ビシッとうちのバカ息子に渡《と》世《せい》ってもんを教えてつかあさい。

（東京都・店主・64歳）

A

「死にてえのはこっちだ」のあなたさまの言葉が胸に突き刺さります。三十年も休みなく働かれてきてコロナ禍に襲われ、最愛の息子が望む大学へ行かせることのできない無念はいかばかりかと、お察し申し上げます。

事情を知らぬ人間はさも賢《さか》しげに、「いざというときのために、半年や一年ぐらいは食べていけるような蓄えをしていなかったからだ」と言うのでございますが、零細企業のお客商売の現実を知らない痴《し》れ者の戯《ざ》れ言《ごと》でございます。

厳しい競争原理の働く飲食店商売では、わかっていても「いざというときのための蓄え」などできる余裕はありません。それぞれがギリギリのところで商売を成り立たせているのです。

いざというときのために一年も寝て暮らせるような贅沢《ぜいたく》を許してくれるほど、世間は甘くないのです。あなたさまとて、できることならどんな真似をしてでも息子の望みどおりに大学へ行かせてやりたい、との思いはひとしおでございましたでしょう。

叶うならわが血、わが肉を売ってでも、が親心でございます。

が、無い袖《そで》は振れないのです。どうしたものかと眠れぬ夜を幾晩も過ごした挙句の苦《くじ》渋《ゆう》の決断が、「仕方ない、息子には大学を諦《あきら》めてもらう」であったのでした。

こうしていましても、同じ世代の息子を持つ手前どもは、あなたさまの胸が張り裂けるような悲しみが伝わってきて、自慰《じい》のあとのように手が震えます。

また、希望を断たれたご子息の胸の内の苦しみもいかばかりであったかと推察します。「死んだほうがましだ！」と放たれた言葉は、正直な心の叫びでした。

ご子息は新しい大学生活に夢を抱き、自分の人生の未来をかけていたのです。親しい仲間とも将来について熱く語り合い、ともに友情を深めていくことに胸を躍らせていたのでした。

それが、どうして自分一人だけが親の都合で金の工面《くめん》ができなくなったから大学は諦めることにしたと言えるというのでしょう。プライドはズタズタとなり、深く傷ついた心はつい、「死んだほうがましだ！」の狂気の言葉をほとばしらせたのです。

ご子息を許してあげてください。

彼にしてみても大恩ある父親に向かい、自分はなんという罰当たりなことを、と後悔の海に沈んでいるに違いありません。

「バカ息子に渡世を教えて」とのご要望でございますが、手前どもにはバカ息子などとはとても思えません。あなたさまたち親子は、人の不幸は飯のタネのテレビメディアが作り上げた「コロナ禍」犯罪のお気の毒な犠牲者です。

誰が悪いワケでもないのです。テレビメディアがスクラムを組んで、朝から晩まで「コロナ怖い」と煽《あお》り報道をすれば、いかなる政府や政党、国民であっても、ひとたまりもなく餌食《えじき》になってしまうのでした。

このまま自粛がエンドレスに続けば、未曾有《みぞう》の大恐慌となり、コロナの何十倍もの犠牲者が出ると言われています。国民が「コロナ脳」に罹《かか》ったごとくに、死ぬより「コロナが怖い」との浅慮《せんりょ》の様相を呈していますが、手前どもは信じています、下町の熟女バーのママのごとき風体《ふうてい》の女性感染学者の「怖い」の煽動《せんどう》を浴びても、決して私たちの哲学、経済、医学は敗北しないことを。

加えてあなたさま親子に、「雨降って地固まる」の親子の絆《きずな》の歴史が必ず刻まれることを疑いません。

最悪のときにあっても、諦めることなく必ず救われると想像する力が与えられているのが「人間だもの」でございます。

濃厚接触のみの、夜の街の女

Q

夜の街の、女です。濃厚接触のみの、夜の街の女です。偏見があるのはもちろんわかっておりますが、わたしたちもある種、「エッセンシャルワーカー」なのです。文字どおり、汗水たらして働いているのです。汗も水もたらさず、テレワークで太った？——冗談じゃない。濃厚上等、リスク上等。裸と裸でぶつからない世の中こそ、〝東京アラート〟ではないですか。コロナより怖いのは、阿呆なディスタンス。わたし、間違っておりますか？

（東京都・風俗嬢・27歳）

A

世の労働者諸氏の「明日の労働力再生産」のお仕事を担《にな》われてこられたあなたさまが、コロナ禍でご自分の立ち位置にご疑念を抱かれているご様子に、一言申し上げます。

今日のコロナ禍は、テレビメディアが火のないところに薪《まき》をくべて燃え上がらせた「デッチ上げ」犯罪です。「人の不幸は給料とボーナスの糧《かて》」と視聴率稼ぎに狂奔《きょうほん》し、朝から晩まで「コロナ怖い」と恐怖を煽《あお》り、「コロナ不安神経症」を日本中に発症せしめています。

例年一千万人以上が罹《かか》り、関連死を含め一万人が死亡しているインフルエンザでは「大変だ」と騒ぐことがなかったのに、それよりも少ない犠牲者の新型コロナを好餌《こうじ》として飛びつき貪《むさぼ》っているのです。

最も被害にあっているのは「高齢者を守れ」の美名のもとに、自由を奪われ隔離生活を余儀なくされている老人たちです。

定期的に受けていた病院での診察を感染が怖いからと中止し、デイサービスやショートステイの利用も控え、大好きな入浴やカラオケもままならず、持病の悪化で自力歩行ができなくなったお年寄りが続出しているのです。まさに「コロナ怖い」は老人虐待の様相を呈しています。

このまま「自粛」だ「非常事態宣言」だと迷走していたら、やがて日本は滅亡するでありましょう。年金生活者、生活保護受給者、公務員、上場企業の皆さまは、もし「自粛は当然」との認識をお持ちなら、ご自分がこの一年間、ほとんど収入がなかったと仮定したら、それでも「命が大事」と「自粛」を叫ばれるのでしょうか。

「医療崩壊を防ぐために」との神学論争で日本を破綻《はたん》に追い込むのは、おやめいただきたいのです。

こうした危機的局面にあってこそ、あなたさまの出番です。

新型コロナに罹り、お亡くなりになられた方の九八％は何らかの基礎疾患をお持ちでした。病気が怖いのは死ぬからです。よって罹っても基礎疾患に縁がない若いあなたさまには、道で転んだカスリ傷にすぎません。

性愛の恍惚《こうこつ》は、ナチュラルキラー細胞を活性化させ、自己免疫力を強化し、外から侵入を果たそうと襲ってくる新型コロナウイルスをたちどころに撃退する力を獲得します。

濃厚接触のお仕事は、もはや自分の生活の営みの手段ではありません。性愛の激しい興奮がもたらす新陳代謝によって、自己免疫力を活性化し、多くの労働者諸氏を新型コロナから守る崇高《すうこう》な職業です。

この日本でも大気汚染により年間数万人がお亡くなりになっています。リスクゼロを考えれば、エクスタシー時の汗まみれ、潮まみれとなったあなたさまの大きく息を吸って「気持ちいい」と吐き出す動作も叶わなくなりましょう。

私たちの父や母は、あの戦後の焼け野原の食うや食わずの明日をも知れぬ絶望的状況下にあっても、欠くことなくＳＥＸをイタしまくり、団塊《だんかい》の世代を誕生させ、日本経済繁栄の礎《いしずえ》としました。

性愛の、脳髄をシビレさせるような快感こそが、貧しい食糧事情下の不衛生な環境でも、赤痢《せきり》、その他の死に至る感染症から身を守ったのです。

私たちはこのご先祖の不屈の「スケベ心」に学び、多淫《たいん》によってコロナ感染の恐怖心に打ち勝つ、自己免疫力を強靭《きょうじん》なものにすべきです。

あなたさまの裸と裸のぶつかり合いのソレは、救国者の誉《ほま》れと誇るに相応《ふさわ》しい「人間だもの」でございます。

Q 会社を失い、妻にも逃げられた

人を見る目を養いたい。世界の、元世界の、いや、まだ見ぬ世界のワタナベです。みんなの裏切りにあい（主導したのは私の右腕）、先月、失脚いたしました。会社を失っただけではありません。金の切れ目が縁の切れ目なのか、どうか。妻にも逃げられ、五十を超えてひとりぼっちに。まじめに、額に「くそ」の文字が浮かぶほどまじめに、生きてきたのですが。俺はなにも悪くない。悪いのは、俺の目。見る目がなかった俺の目。お遍路《へんろ》か、護摩行《ごまぎょう》か、それとも

――残された道は限りなく少ない。

（東京都・元経営者・50歳）

A

ワタナベさまにはいま一度、いまだ衰えを知らず、小太鼓のように下腹を叩く己がスティックのごとき「ソソり勃《た》つ」精神のありようを期待して、以下のアドバイスをさせていただきます。

「みんな」とは民草《たみくさ》のこと、でございます。民草はすべて「己にふりかかる災いの事象は自らの招いた種に由来する」との諦観《ていかん》に生きております。

「裏切り」にあっても、あなたさまのように「人を見る目を養いたい」、とのお門違《かどちが》いのホザキを言うことはありません。なぜなら、他者に因果を求める精神は自《おの》ずと萎縮《いしゅく》し、しなやかさを失い、荒廃することを知っているからでございます。

民草は「裏切り」を恐れません。

この世で逃れられないものは、「死」と「人の裏切り」であることを承知しております。

このことの認識が、あなたさまには決定的に欠如しています。

だから「失敗はすべて相手の裏切り」に起因する、との小学二年生の三学期の生徒の知能レベルに囚《とら》われているのでございます。

人は挫折からしか学べない、といいます。「締《し》めます締めます山手線」が前口上《まえこうじょう》の、ある姫君とイタしたことがありました。

しかし、「締め」は行方知らず、「太平洋一人ぼっち」の大味を味わう結果となりました。五百万円近い大金を貢《みつ》いだ挙げ句に、「裏切り」にあったのでございます。はたして、「人を見る目を養おう」という考えはチリほども持ちませんでした。なんとなれば添うてみて寝室にお供してこそようやく分かる、知ることができる真実があることを知っていたからでございます。「裏切り」を恐れていては、「女体の神秘」の真実を手に入れることは叶わないのでございます。

二十数年前に、児童福祉法違反で当局のご厄介になったことがございます。未成年「十八歳未満の女子」をアダルトビデオに出演させた、という罪でございます。「騙されての不始末」でございました。

アダルトビデオに出演して小遣い稼ぎをしたい、と計画をめぐらした小悪魔は、身分を証明する運転免許証、アルバム、保険証のことごとくを姉のモノを持参して面接にやって来たのでございます。

「天網恢恢疎《てんもうかいかいそ》にして漏《も》らさず」

彼女の出演したAVが発売されてから二カ月後に御用となりました。児童福祉法違反は、騙した未成年を裁く法律ではありません。騙されたと訴えても「お上」には通用せず、厳しいお取り調べを受けました。

「この仕事を生業《なりわい》としている限り、今後とも年齢を偽って来る姫君が必ず現れる、どうしたら逮捕されることがないか」と担当官に相談しました。担当官の答えは、「ご両親に面接に行って、〝あなたのお嬢さまにこれからAV出演していただきます。つきましては、お嬢さまは十八歳以上で間違いないでしょうか〟と質問してご両親が〝間違いない〟と答えた挙げ句に、それが嘘だったらお上《かみ》のご慈悲もあるだろう」とのことでした。

そんなことをしたら命がもたないと却下し、今日に至っております。

愛していた恋人や信頼していた上司や同僚、親戚の「裏切り」にあったとき、そこから何を見出《みいだ》すか、が肝要でございます。

原因や責任を他者に向けている心根《こころね》からは、何も見出せません。

クドいようですが、構えなければならないのは人を見る目を養うことでなく、「挫折を踏み台にする」「失敗を糧《かて》にする」精神でございます。

「どんなことからでも学べるのだ」、そうした精神の涵養《かんよう》があれば、わが身に降りかかる「裏切り」など「愛しい人の淫液」に比肩《ひけん》するほどの「蜜の味」となるのが「人間だもの」でございます。

「借金五百万円男」との結婚

Q

「来年、結婚できたらいいな」とテレビを観ながら彼氏がぽつりとつぶやきました。「うん、しよう」と私は嬉しくて彼氏に抱きつきました。彼氏は私の髪をなでながら「ごめんな、黙ってて。実はな、五百万円の借金があ――」。「ごめん、聞きたくない!」と言って、私は彼氏の家を飛び出しました。彼のことは大好きですが、五百万円もの借金がある人と結婚していいものかどうか。付き合って五年になるのに、このまま理由も訊かず、逃げ出すのはあまりに薄情でしょうか。

（徳島県・OL・30歳）

A

晴れて結ばれ、いつか子宝を授かり、幸福な家庭生活を夢見ていたあなたさまにとって、彼の五百万円の借金は〝小指大にボッキしたクリトリスへの唐突の五寸クギ〟がごとき衝撃であったでございましょう。

五年間に及ぶ夜毎《よごと》の阿波踊りは何のためであったか、と口惜《くちお》しいお気持ち、お察し申し上げます。

人はえてしてあちこちスス合い、煙が出るほどに突きまくり合って、その先に見る桃色吐息のパノラマを「愛」と誤解しがちでございます。

「こんなに気持ちがいいから愛しているに違いない」と思い込んだ挙げ句の結婚が、幾多の蹉跌《さてつ》を招いています。彼の借金話に遭遇して「愛とSEXは別腹《べつばら》である」と覚醒し、別れる決断をされたあなたさまに「同意」でございます。

愛とは取引先への信用調査のごとき、〝借金がいくらあるか〟で計れる損得勘定のものではございません。いくら犠牲を払ってもいい、あの人を自分のモノにしたい、あの人のモノになりたい、あの人に尽くしたい、との理屈抜きの所有欲、独占欲、奉仕欲のことでございます。

その感情があなたさまにない以上、お別れ話となるは至極当然の帰結でございます。

ただ、これから先の人生を考え、「彼との間の感情は何だったのか」、いま一度の検証をお勧めします。

ＳＥＸで行き詰まった時、目先の風景を変えると新たな視点が生まれ、さらなる興奮を呼び起こすことがあります。「鏡」を使います。

わがイチモツを咥《くわ》え込み、ボリショイサーカスの短剣呑みをホウフツさせる見事な技を見せている姫君の顔前に手鏡を寄せるのでございます。「君ってこんなことをしているんだよ」と。抜き刺ししている「付け根」の様を手鏡をかざして見せ、「僕のほうから見るとこんなにイヤらしいんだよ」と囁《ささや》くのでございます。

さすれば姫君はリカオン、コヨーテのごとき獣声を上げ、悶絶するは畢竟《ひっきょう》となる、のでございます。

あなたさまにもたらされる「合わせ鏡」の視点は言葉でございます。「五百万円の借金を背負ったあなたとはお別れします」と率直に告白して下さい。

「いや、別れたくない」

「親類縁者に借金しても返済するから、待ってほしい」

「そんな考えの持ち主の君と一緒のお墓に入らずに済んだのはラッキー。ありがとう」

はたして、彼からどんな答えが返ってくるでありましょうか。

大切なことは、相手がどのように反応するかということよりも、彼との会話が「合わせ鏡」となって自分の実像を炙《あぶ》り出し、知らしめてくれることにあります。

自分という人間の本性はどういうものであるか、アクメを迎えたとき以上にのっぴきならない「裸の自分の実相」を知ることになるのです。

ご相談は光栄でございますが、どんな困難でも挑戦してから自分自身で答えを出す勇気を失ってほしくはありません。

結婚によってもたらされるかもしれない「ひょっとしたら」の浮気、遺産相続、貧困、病気、嫁姑問題等の「不幸の未来」を徒《いたずら》に恐れないでほしいのです。それは誰とて、〝生きる〟ということであるからです。

どうしてもガマンできない境遇に陥《おちい》ったら、命を取られるワケでもない、離婚すればいいのです。葬式は生涯に一度しかできませんが、結婚はオナニーの如く、何度でも許されているのが「人間だもの」でございます。

愛人は見舞いにも行かれへんの

Q

二十年も日陰で暮らしていると、ふとした瞬間に、日向《ひなた》に出ていきたいと思うものでございます。しかし、私たちは「東男《あずまおとこ》に京女《きょうおんな》」。野暮なことは一度もせず、週一回の逢瀬《おうせ》を楽しんで参りました。この度、「彼が脳卒中で倒れ重篤《じゅうとく》に」との一報が彼の親友からもたらされました。東には一度も足を踏み入れなかったのですが、今回ばかりは東に向かいたい。最後に一目だけあって「おおきに」と伝えたい。それくらいは許してくれはるのではないか、いや、私のエゴかもしれへん。私の心はゆらゆら揺れております。

（京都府・接客業・52歳）

A

あなたさまと彼との二十年間は、他人には窺《うかが》い知れぬほどに豪華絢爛《ごうかけんらん》に彩《いろど》られての日々でございましたでしょう。いまやそれが「風前の灯《ふうぜんのともしび》」となって、永遠に葬り去られようとしています。

「会いたい、最後に一目だけ会ってお別れをしたい」と、いてもたっても居《お》れぬほどに波立たれてのお心、理解できます。

「さあ、グズグズなされていないで病院に」と申し上げたいところでございますが、手前どもは「お待ちなさいませ」と羽交《はが》い絞《じ》めでございます。「いまさら病院に駆けつけてどうする、修羅場《しゅらば》となりませぬか」の老婆心《ろうばしん》でございます。

「よくもまあ、二十年間も騙してくれたわね」と「本当のこと」を知った彼の奥様が逆上なされて、酸素ボンベや点滴を引き抜かれ、葬式も出さず、墓にも入れずとしたそのうえで、あなたさまを訴えるとの暴挙に出られるのではないか、と危惧《きぐ》するのでございます。

しかしながら、過去を清算しなければ前に進めない、というあなたさまの現実がございます。彼のイチモツを咥《くわ》えたまま、新たに選《え》りすぐった「スグレモノ」を同時に頂戴することは無理筋《むりすじ》でございます。

あなたさまが「過去に生きる女」というブザマな生き方を選択なされないために、生き甲斐《がい》だった二十年間にサヨナラを言いに病院に向かわれることに同意いたします。枕元に立ち、瘦《や》せ衰えていままさにこの世から消えなんとする彼の現実を、シッカリとその眼で見届けて下さい。事情を話して協力していただける同年代か年上の男性と一緒に、「夫婦」を装って行かれるのが良いのではないでしょうか。〝取引先か趣味のサークルが一緒でお世話になったお礼にお見舞いに来た〟というストーリーでございます。一世一代の人気舞台女優の演技力をもって、彼が愛して止まなかったあなたさまのステキな笑顔を見せて差し上げてくださいませ。

今世では「夫婦」という形で結ばれることが叶わなかったお二人でございますが、「来世ではきっと結ばれましょうね」の赤い糸のメッセージを届けるのに飛び切りの笑顔こそ相応《ふさわ》しいのでございます。

逝《ゆ》く彼の願いは何でありましょうか。孔子さまは弟子たちに「多くの教えのなかで、最も重要な教えは何でしょう」と問われて、「己の欲せざるところは人に施《ほどこ》すなかれ」とお答えになられました。自分がして欲しくないことを他人にしてはいけない、という教えでございます。

あなたさまはこれからの人生を、孔子さまの教えに学んで、彼が望むとおりに生きられてください。もしあなたさまが先に逝かれたとしたら、彼にいつまでも嘆き悲しむ人生を送られることを望まれるでしょうか。

そうではありますまい。人の命は儚《はかな》さにおいて差別されることなく連帯している、と言います。「散る彼も、残るあなたも散る命」なのでございます。

命尽きてやがてあの世で再び巡り逢うことになるその日まで、二度ない人生を思う存分に生きて欲しい、人生のどんな時にあっても笑顔で生き抜いて欲しい、と彼は願われているはずでございます。

これからは、新しい男性との出会いを求めて果敢に生きて下さい。天国の彼に、幸福になったあなたさまの姿を見せるのです。あなたさまの顔に笑顔が戻ることは、彼への何よりの供養となります。

新しい彼と求め合う夜の営みにあっては、彼の時以上に阿鼻叫喚《あびきょうかん》の声を上げて下さい、これ見よがしに。悔しいなら戻っておいでよこの世まで、と叫ぶことが許されるのが「人間だもの」でございます。

美人の涙はプライスレス？

Q

〝美人すぎる議員〟として話題になった某女性都議。「早く結婚しろ」などとセクハラ野次を受け、涙を流すシーンが世間を賑《にぎ》わせました。三十五にもなって乙女の涙？ウブには見えないのですが。私なんて「彼氏はいるのか」「バストはいくつ？」「もしかして処女か」など、男性上司から毎日のようにセクハラを受けていますが、誰もかばってはくれません。周囲もニヤニヤ笑うばかり。「可愛いは正義」。あの都議が私のようなブスだったならば、あそこまで話題になったでしょうか。泣きたいのはいつも、私です……。

（愛知県・ＯＬ・30歳）

A

無礼を承知で申し上げれば、あなたさまとの間に些《いささ》かの「見解の相違」がございます。手前どもは、あの女性都議を少しも「可愛い」とは思わないのでございます。よって、あの女性議員によって引き起こされた一連の騒ぎを「可愛いは正義」と定義なさるは笑止《しょうし》、との立場でございます。

あの騒動の本質は、マスコミが狡猾《こうかつ》な「女《め》ギツネ」の誑《たぶら》かしにあって「付和雷同《ふわらいどう》」したに過ぎない、との評価でございます。

たしかに、「可愛いは正義」と持て囃《はや》す現実社会の一面はございましょう。しかし、そうした依怙贔屓《えこひいき》は「美男は正義」とも言えることでございまして、このことを以《もっ》て男社会の横暴と言い募るのはナンセンスでございます。

そもそも「可愛い」という普遍的な価値観がこの世に存在するでありましょうか。色の黒いのがタイプだ、という人間がいます。白人でなければ駄目、いや黄色人種が最高だ、違う、褐色《かっしょく》の肌が一番、と肌の色だけでも「可愛い」の評価は千差万別、十人十色《じゅうにんといろ》でございます。

それに太っている、痩《や》せている、背が高い、低い、そして男性には、太い、長い、硬い、女性には、胸の大きさと、ドドメ色、の美意識が加わります。定義できない問題に言及して悩まれるは、聡明なあなたさまが取るべき道ではございません。

承知すべきは誰もがある人にとって特別な人、かけがえのない人、愛《いと》しい人、可愛い人、となるのだということでございます。現実というものは身も蓋《ふた》もないエゲツないものでございます。

いまどき「バストはいくつ？」なるセクハラの言葉が浴びせられているとはお気の毒に、と暗然とした思いでございます。さすれば勇気を奮い起こして闘いを挑むか、ということでございます。「バストはいくつ？」と訊かれたら、反対に「アソコは大きいんですか」と言い返すのでございます。

二十代の時、百科事典のセールスをしておりました。日本全国に二千人ほどいたセールスマンのなかで、日本一の栄光に輝きました。武器は〝言い返し〟にありました。

お客さまのところに売り込みに行って言われる断り文句は、決まって「高い」「必要ない」「同じものを持っている」「いますぐには決められない」「お金がない」といったものでした。

売れないセールスマンは、この断りの言葉を言われると言い返すことができずに悄然《しょうぜん》として引き返すのでございますが、手前どもは違いました。それぞれの断り文句に十種類以上の厳選したクロージングトークを用意して情熱的に話し、契約をモノにしました。

人の心を動かす秘訣は情熱に尽きるのでございます。あなたさまにはこの方法を踏《とう》襲《しゅう》していただきたいのでございます。

セクハラの言葉といっても、そのボキャブラリーはたかが知れているものでございます。ひとたび放たれたなら、敢然として逆セクハラの言葉の矢を、情熱をもって放つのでございます。

あるいは、でございます。セクハラの言葉は、オカチメンコの女性に向けられることはありません。純粋で顔を赤らめる可愛らしい女性であるからこそ、面白がってイジられるのでございます。セクハラを受けたら自分は可愛いからセクハラを受けているのだ、とお考えになって下さい。

世界はいっぺんに変わることはありません。本当の変化は、自分の心が変わることで起きるのです。ボヤいて他人や周囲を責めて嫌なことだらけにしてはいけません。だってあなたさまは〝可愛い〟「人間だもの」でございます。

結婚式で、復讐いたします！

Q

「結婚するなら彼しかいない」。そう固く信じていたので「こんなの初めて」「凄《すご》い」「癖になる美味《おい》しさ」などと甘いリップサービスを彼に与え続けました。しかし、三年後、彼とは別れることに。理由がわからないまま、半年が経過し、先日、彼から久しぶりの連絡が――。私の親友と〝できちゃった婚〟をするというのです。しかも、「結婚式にきてくれないか」だって。恨みます、恨みます、恨みます。私、結婚式に参加し、二人に復讐《ふくしゅう》をいたします！

（岐阜県・ＯＬ・25歳）

A

彼との交際で、あなたさまはまごうことなくマナー人でありました。

まぐわいの時、「何番目にいいか」の彼の問いに「いままで一番よ」と叫んで差し上げました。

加えて、「こんなの初めて」「凄い」の褒めちぎりも添えました。全てマナー人であるあなたさまの「おもてなし」でした。

こんな仕打ちを受けるのだったら「何番目」と問われたあの時、正直に「三十七番目」と答えておくべきだった。

「こんなの初めて」「凄い」にあっても、「いつかきた道」「平凡」と切り捨てておいて然《しか》るべきだった、と腹ワタの煮えくり返る思いでございましょう。

ご自慢の「締《し》めます締めます山手線」の甘美《かんび》な万力《まんりき》締めの味を教え、「一人前の男」に育て上げたのは誰であったのか、とお人好しにも程があったご自身をさぞかし責められてのことでしょう。

彼に期待されていた行動は、近くの公園の枝ぶりのいい木にロープを吊るし「ツラすぎる、ロープを首にかける」の写メールが届くこと、でございました。こうした慟哭《どうこく》があってようやくプライドが癒され、彼がどんな女性と再出発を図ろうと知ったことではない、の断ち切りができたのでございます。

仮初《かりそめ》の未練を見せるは、男女間にあって事後、口唇《くちびる》を這《は》わせて愛《め》であげると同じマナーでございます。マナー知らずの野蛮人に結婚式で恥を掻《か》かせるのにどんな方法が効果的でしょうか。

新婦の控室に赴《おもむ》き、「おめでとうございます」とお祝いを言いながら、あなたさましか知り得ない彼に関する極秘情報満載の手紙や写真を新婦や親族に渡す、という方法が考えられます。多くの場合、受け取った新婦や親族の皆さまに一生消えることのない傷を残すことに成功するかもしれません。

こうした行動には当然の如く、犠牲が伴います。悪評千里《せんり》を走って、嫁入り前のあなたさまの評判が地に堕《お》ちましょう。

また、「許せない」と元彼からの反撃を受け、何らかの代償を払わされることにもなりましょう。

「人を呪わば穴二つ」

自分だけ無傷で気分がスッキリする、とはいかないものでございます。モメ事の答えは、他人ではなく全部自分の心の中にあると考えます。

そもそもあなたさまは元彼をどの程度、愛していたのでしょうか。人を愛する、ということは、オママゴト遊びで子供が好き、というのとはワケが違います。愛することは犠牲を伴うものでございます。ステキではあるけれど、恐ろしくて悲しくて苦しいのが「愛する」ことでございます。

結婚式に乗り込んで復讐をしてやる、のあなたさまのお気持ちは、とても愛していた人へのものとは考えられません。

愛してもいなかった、「好き」でしかなかった程度の男のために世間を敵に回すことを選択するなんて野暮というものです。人生でめげない人は、現実を自分の都合のいいように考える知恵を持っておいでですから、誰も変えられない現実の逆境にあっても、チャンスと受け止めてめげることがありません。

あなたさまに、これから先の人生では現実を都合のいいように考えて生きる聡明な自己愛を身につけていただきたいのです。元彼のことは、「次なるステップに行くために克服すべき課題のコヤシ男」と考えましょう。

復讐するは我にあり、と神は申されました。神のおぼし召しのままに生きるのが「人間だもの」でございます。

出遅れた親友が占い狂いに…

Q

花嫁になることしか考えていない親友と、ぼちぼち焦り始めた私。若いころはコンパもありましたが、アラフォーになり出会いのチャンスすら消え失《う》せました。困ったときの神頼み、なのかどうなのか。親友はある占い師のところに足繁《あししげ》く通うようになりました。先日、久しぶりに会ったら、手首にはいかがわしい数珠《じゅず》。「ドングリかなんか？」「ふざけないで！　結婚を呼び込むチベットの秘宝よ！　三十九万円！」……あらまあ。村西さま、占い狂いの親友をどうしたら助けることができましょうか。

（大阪府・ＯＬ・38歳）

A

ニーチェは「君は奴隷であるか、奴隷なら君とは友となることはできぬ」と語っています。ともすれば、自分の人生を自分でない人間に操られて生きてしまう人間の愚かさを戒《いまし》められたのでございます。

しかしながら、お優しいあなたさまは、占い師の奴隷となったごときのご友人を見捨てることなく、何とか救いの手を差し伸べたい、とご思案なされておられます。

占い師の「囚《とら》われ人」となって、幸福な家庭を崩壊せしめてしまった知人の奥方がおります。

奥方はある日、占い師より「後背位《こうはいい》はケダモノの所業、悪い背後霊に取り憑《つ》かれて災いを招くことになるから決してイタしてはならない」のご宣託《たくせん》を受けました。

貧富の差なく人は平等である、の神の恩寵《おんちょう》を象徴するかのような、人々を分け隔《へだ》てなく極楽浄土に誘《いざな》うアノ崇高《すうこう》な体位を「ケダモノの所業」と貶《おとし》めたのでございます。なんともバチ当たりな占い師でございます。

お笑いグサでございますが、あろうことか、占い師の思うままに心を染められての奥方は、その日から「バックスタイル」を拒絶することとなりました。

愛する妻を「犬も悔しがるほどの思いきりのワンワンスタイル」で昇天させることに

心血を注いできたご亭主は憤《いきどお》り、「俺と占い師のどっちが大事なんだ」と詰め寄りましたが、奥方は頑《かたく》なに受け入れることがありませんでした。

やんぬるかな、たかが「犬のポーズ」のごときで、小学生の二人の子宝を授かった結婚十年目の夫婦が「離婚協議中」の事態に陥《おちい》った次第でございます。

近代社会においては、政治や法や医学といった人間や国の生死にかかわる分野に、その非科学性から「占い」が関与することを厳に禁止しております。

占いは「当たるも八卦《はっけ》、当たらぬも八卦」と自分の運の未来を気晴らしで楽しむ「箸休《はしやす》め」のレベルで、その存在の意義が寛容されているのでございます。

にもかかわらず、人の弱みにつけこんで、法外な額で数珠などを売りつけて高額な金品を掠《かす》め取ろうとする人でなしの占い師が跋扈《ばっこ》しております。

が、悪徳占い師を槍玉《やりだま》に挙げても意味のないことでございます。問題は、あなたさまのご友人の心のなかにあります。

ご友人は結婚をしたい、との欲望に駆られておられます。その欲望を満たすことに協力することでしか、ご友人を助ける術《すべ》はありません。最善の方法は、ご友人に「多様性」を学んでいただくことにあります。

まず、ご友人に他にも優れた占い師がいることを教えてあげるのです。そしてそれらの占い師から、結婚運は占い師に貢《みつ》ぐ金銭の多寡《たか》によって左右されるものでは決してないことを諭《さと》してもらうのです。

事前に目星をつけた何人かの占い師を訪ねてあなたさまの計画を率直に打ち明け、力を貸してもらうのがよいでしょう。蛇《じゃ》の道はヘビ、と申します。

占い師は、これまでそうした相談を受けてきた経験を持たれているはずでございます。閉ざされた心の窓に合った処方箋《しょほうせん》で新しい風と光を届け、ご友人を別のステージへと導いてくれることが期待できます。

占いとはまったく縁のない人生を歩んで参りました。

しかしながら、ご友人思いのあなたさまの未来を確信を持って占うことができます。良き伴侶と出会い、幸せになられたあなたさまの姿が目に浮かぶのです。

善《よ》き行いは必ず自分に返ってくる、のが「人間だもの」でございます。

ブスは遅刻をしてはなりませぬ

Q

「その面《つら》でなに調子こいとんねん！」。これが俺のいまの心境。美人なら十分や十五分くらい余裕で待てるのですが、俺の彼女はブスです。いや、俺は、そこまでブスだとは思っていない。でも、友人はみんな彼女をブスだと言うのです。外見だけじゃない、性格もブスだと。理由は毎回の遅刻、謝りもせず平気な顔。いや、たまに遅刻しておいてブスくれていることもある。「お前、よう許せるな」というのが友人たちの総意。さっちゃん、頼むで、身の丈《たけ》にあった時間にこいや！

（大阪府・フリーター・26歳）

A

同じ経験をしております。

彼女は十五分なんてものでなく、一時間は平気で遅れてきました。惚《ほ》れた弱みでございます。咎《とが》め立てすることなく〝忍〟の一字でおりましたが、二時間も待たされた時があり、堪忍袋の緒《お》を切りました。

「時間にルーズすぎる」と詰問《きつもん》しましたら、「だってネイルがウマくいかないんですもの。あなたが舐《な》める足の指のネイルにも時間がかかるのよ」との言い訳です。

彼女はネイルには殊《こと》の外《ほか》ご執心《しゅうしん》で、日に三時間は「ネイル命」とばかりにお手入れを欠かさないのでした。

人のせいにする言い訳に「嘘をつくんじゃあないよ」と、つい怒鳴り声を上げました。と、彼女は毅然として「嘘つきはどっちよ、前科は少しだけ、なんて言って七犯もあったのは誰？　借金は心配するほどない、なんて五十億円もあったのはどちら様？　離婚歴はある、と言うから一度かと思ったら三度もしていたのは誰なのよ。田舎には持ち家がある、と見に行ったら何？　あのアバラ屋。佐野眞一さんに、戦後これほどのバラックを見たことがない、って書かれたのはどちら様の実家？　それに中出しはしないから、って言って信用させて、嘘をついて中出ししたのは○×△×！！」と波状攻撃を受けました。

即、グーで自分の頭を三回叩き、土下座をして許しを請《こ》いました。

こうした経験からあなたさまにご忠告を申し上げますのは、「時間にだらしない女性はキレやすい」からご用心を、でございます。

ゆえに、たかが十分や十五分くらいのことで目クジラを立てることなく「待つ間が花」の余裕をお持ちいただきたいのです。

彼女たちは、あなたさまのためのお洒落《しゃれ》や勝負下着のオメカシに念には念を入れられた挙げ句の遅刻、とお考えになられたらどうでしょう。

男の女性に対する妄想は無限大でございます。待ち人来たらず、の間、デートの〆《しめ》の肉弾戦にあっては如何《いか》なる体位や仕留め技で相手を往生させるか、に思いを巡らすも一興かと存じます。

が、どうしても彼女に時間厳守を求められるのであれば、次の方法が考えられます。デートの待ち合わせの場所と時間を彼女に決めて貰うのです。まぐわいの体位と同じく、女性は自分で決めたことはしっかり守ろうとするものです。

また、場合によっては罰金プレイなどもありかと存じます。その日遅れて来たほうが食事代を払うとか何かプレゼントする、とかの罰ゲームです。女性は損をするのが大嫌いです。損をするくらいなら時間を守ることを選択することが期待できます。

「金の価値を知りたければ金を借りてみよ」という言葉があります。人に金を借りる時になって初めて、その価値の大きいことを知るという諺《ことわざ》です。

この金を時間に置き換えられて、いつもあなたさまが待ちぼうけを喰らい失っている時間を、反対に彼女たちに味わって貰う、という算段はどうでしょう。

物陰に隠れていて、待ち合わせの場所にやって来る彼女を待つのです。彼女がやって来たら一、二分経っておもむろに姿を現すのです。彼女にはきっと、待たせる身より待つ身の辛さを実感していただけるはずです。

こうしたトライによって縁あってお付き合いをなされた彼女たちに、あなたさまは特別な宝物をプレゼントなされることになります。

人が人と会うときには相手に危害を加えないこと、「約束」「時間」を守らなければならないこと、という人の世の「人間だもの」の宝物を、でございます。

疑惑の味噌汁と疑惑のおっぱい

Q

結婚相談所の紹介で十歳年下の女性と知り合い、先月、齢《よわい》七十二にして再婚をしました。「こげん幸せなことはなか」と周囲に吹《ふい》聴《ちょう》していたのですが、関西で起きた「青酸連続死事件」によって、「外見があの女にそっくりばってん、大丈夫か」と周囲が冗談を飛ばすように。すると私もしだいに、味噌汁も、焼酎も、あいつん胸もなんかおかしか……頭の中が疑念ばかりで夜も寝られんようになりました。このままやったら殺されんでも、死んでしまう。どげんしたらよかと？

（鹿児島県・無職・72歳）

A

猜疑心《さいぎしん》を抱かれたあなたさまの「ダブル・ハート」をそのままになされては、精神的、肉体的にもダメージが深まり、インポの引き金となりかねません。まず、事実を確かめられることをお勧めします。

疑惑の味噌汁を奥方の目を盗んでジップロックに小分けにされ、然《しか》るべき検査機関に持ち込まれてはいかがでしょうか。危惧《きぐ》なされているモノが入っているか、たちどころに判明することと存じます。

また、探偵事務所などに依頼して奥方の前歴を調べられるのも一案かと存じます。これまでの男性関係の履歴と不自然死の有無を確かめられるのです。

あるいは直接、奥方に訊《たず》ねられる方法もアリかと存じます。俺の早死にを願っているのか、の直接的な物言いではなく、例の青酸化合物のスペシャリストの熟女を話題にして「どうせ死んだら未亡人のモノになるのに、なぜ殺し急いだのだろう」とカマをかけられてみるのです。

「早く財産を手に入れて贅沢《ぜいたく》したかったんじゃない」の当たり前の答えが返ってくることが予想されますが、奥方の表情や口調から、あなたさまなりに真実を見極めるチャンスが生まれるのではないでしょうか。こうした方策を講じられても何も問題となる事実が明らかにならなかった場合、どうするかということになります。

親兄弟や親戚が癌《がん》で亡くなって、自分も同じ癌にかかるのが心配でならない男がいました。彼は若くして事業に成功しました。その財力とエネルギーを自分の「癌」のために使いました。東京のみならず、有名な癌の名医がいる全国の病院を訪ね歩いては、子宮癌以外のあらゆる癌検診を受ける旅をしました。

医者に「大丈夫」と太鼓判を押されても心静まることなく、少し胃の具合が悪いとスワ胃癌では、腰が痛むと膵臓《すいぞう》癌では、と疑い、大騒ぎをするのでした。金に糸目をつけない数十年の癌検診の旅の末、願いどおり(!?)、六十歳を過ぎて男の肝臓に癌が見つかり、数年の闘病生活を経て逝きました。

遺言《ゆいごん》は、「やっぱり俺は癌だった」でございます。

人生では疑うことによって得る利益と、疑うことによって失う損失のどちらのほうが大きいでしょうか。経験では、癌に囚《とら》われた挙げ句逝った男のように、疑うことによって得る利益より、損失のほうが随分と大きいように思われます。

人を愛することが難しいのは、心を空っぽにしてその人の全てを受け入れる度量を必要とするからです。奥方だって不満をお持ちのはずです。ただ、それを感じさせないのは奥方が大人だからです。

問題ナシ、となった暁《あかつき》には、味噌汁のヘンな味は奥方秘伝の精力剤を調合してくれたものと心得て、寝室での「こんなの初めて、死ぬ」の桃源郷《とうげんきょう》へ誘《いざな》うあなたさまの乱暴者ぶりが期待されます。

先妻を亡くして二年後、若い後妻を迎えた伯父がおります。その後妻が二年後、突然倒れて他界しました。伯父のもとには、先妻のものとあわせて億近い保険金が渡りました。口さがない田舎者は「野郎は精力絶倫のあまり、後妻を冥土《めいど》送りにした」と囁《ささや》きました。

人生は一寸先は闇。人の寿命はその性愛のエクスタシーと同じく、突然、何の前触れもなく終わりを告げるものでございます。十歳年下の奥方のほうがいつ何時、お先に失礼となるやも知れず、奥方を可愛がることを諦《あきら》めてほしくない七十二歳のあなたさまに、アウンサンスーチーの次の言葉を贈ります。

「最悪の心構えをして、最高を望み続ける」のが「人間だもの」でございます。

龍馬のような「包容力」ってなに？

Q

「あんたは小さい。何事も小さい。私はね、龍馬《りょうま》のような『包容力』がほしいの」。事あるごとに彼女は私に言うのです。龍馬のような「包容力」ってなに？　悩んでいたので父にも尋ねました。「ガバッと抱いて、ブチュ、これが包容力ぜよ」と父。ますます「包容力」がわからなくなり、そうこうしているうちに、彼女にふられてしまいました。龍馬に「包容力」はあったのでしょうか。ごめんなさい。龍馬はもういいです。頭が混乱するので。監督の考える「包容力」って何ですか。

（高知県・大学生・19歳）

A

膣口《ちつこう》が二つある女性がおりました。多感な思春期を迎え、「こんな体ではお嫁に行けない」と真剣に悩みました。絶望して、母親に「いっそ死にたい」と訴えました。

母親は泣きじゃくる愛娘《まなむすめ》を優しく抱きしめ、「お前が死ぬのなら母さんも一緒だよ、さあ笑顔を見せて」と言いました。母と娘の流した涙の雫《しずく》で、畳の上がビショ濡れとなりました。

しばらくして、母親は「目だって耳だって、鼻の穴だって二つあるじゃないか。アソコに穴が二つあっても決しておかしいことじゃない。きっと神様がお前に他人様《ひとさま》より二倍の幸福をプレゼントするために授けてくださったんだよ」。

愛娘の命を助けんがための言葉のゼリーに、彼女の心は濡れそぼりました。

「母さんの顔に笑顔が浮かぶよう、強くなって生きよう」と決意し、ハンディを武器にとＡＶに出演いたしました。撮影は北欧コペンハーゲンの世界初の歩行者天国「ストロイエ」で行いました。彼女はデンマーク男性を相手に群衆のなか、果敢に「駅弁」に挑戦しました。が、折角の「穴二つ」もＡＶ業界ではモザイク修正の壁に阻《はば》まれ、好評を博することはできませんでした。

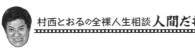

彼女はストリップの世界に転身しました。松山道後《どうご》温泉での初日の舞台が、たまたま老舗《しにせ》旅館の改装工事にやって来ていた九州で知られた建設会社の御曹司《おんぞうし》の目に留まりました。御曹司は彼女に一目惚れしました。その後一年間、彼女の舞台を日本国中追い回し、求愛しました。

「あなたは私には過ぎた男」と拒否し続けましたが、「それなら会社を辞めて付き人になる」の熱い思いに負けて、晴れて華燭《かしよく》の典《てん》となりました。

結婚式での新郎の誓いの言葉は、「彼女が笑顔でいてくれるなら家事でも何でもします」。

現在、夫婦は五人の子宝を授かり、御曹子は二代目社長に就《つ》いて活躍しています。包容力と承《うけたまわ》り、彼女のエピソードが頭に浮かびました。

包容力とは、「人生のどんな時にあっても相手の笑顔を願う心」でございます。ムキ出しの亀頭《きとう》の如くに多感な若竹のあなたさま、包容力がないとの三行半《みくだりはん》を受けての傷つきしお心、お察し申し上げます。

が、手前どもは十九歳のあなたさまを「包容力がない」と断罪された彼女のほうこそ包容力が欠如している、と考えます。相手に自分は何ができるかではなく、独占欲や執着を愛と勘違いして「アレもコレも欲しい」とただ見返りを求めてあなたさまを振り回しただけの彼女ではなかったか、と推察します。

こうした恋愛観の持ち主は、相手が替わってもただ相手を苦しめる恋愛しか成立し得ないものです。具体的な批判でなく、包容力の不平を言って悩ませるなんて卑劣《ひれつ》です。別れは正解でしたでしょう。

人はどんな経験からも学べるものです。何かを学んでいくべきです。このたびの経験から性愛の時と同じくあなたさまが学び、「ヘソ下三寸」に構えなければならないこと、それは「相手が喜ぶ笑顔が自分の喜び」の包容力でございます。

愛する人の涙は胸を締めつけて眠れなくします。指に棘《とげ》が刺さっているのを見るだけで辛く感じられます。真に愛する人との出会いがあれば、必ずあなたさまの心に「包容力」という力が芽生えます。めげる必要はありません。

いずれ愛《いと》しい人を掻《か》き抱くであろうあなたさまに、ある米国俳優の言葉を贈ります。

「NOという言葉に過剰に反応してはいけない。ミスすることはオスカーを貰うより遙かにタメになる」のが「人間だもの」でございます。

彼女の「連れ子」を俺は愛せるか

Q

結婚したい。そう思ったことは一度もない。愛した女は何人かいたが、「骨まで愛したい。骨まで愛してほしいのよ」と思ったのは彼女がはじめてだ。彼女は四十八歳だが、若さだけが売りの女とはワケが違う。苦労を重ねた女にしかできない、奥深いプレイの数々。「もう、毎晩したいのよ」。でも、ひとつ気がかりがある。十三歳の息子と十歳になる娘がいること。女手ひとつで育ててくれた母への思いは強い。そこに他人の俺が入って、家族の絆《きずな》を壊しはしないだろうか。愛し、愛される家族をうまく作れるだろうか。不安だ。

（埼玉県・会社員・42歳）

A

中三の時、父に包丁を持って立ち向かって行ったことがあります。夫婦喧嘩のたびに、母への殴ったり蹴ったりの乱暴が我慢できなかったからです。するとそれまで父からの暴力に悲鳴を上げていた母が父の前に両手を広げて立ち塞《ふさ》がり、「父ちゃんに何するんだ」と血相を変えて叫んだのでございます。

「母ちゃんを助けようとしたのに」

と怯《ひる》んだスキに母に包丁をもぎ取られ、思い切りの往復ビンタを喰らいました。父は顔面蒼白《そうはく》となって立ち尽くしていました。

次の日から、父は家に帰って来なくなりました。

それから数カ月後、父と母は離婚しました。包丁一本で、斯《か》くも容易に父と子の絆が崩壊してしまうものかと呆然としました。

後年、包丁を手に取った息子のパフォーマンスを真《ま》に受けた父が、息子を愛するがゆえに離婚を選択したことを知りました。父の死後、近所のオバさんから「あんたの父ちゃんはね、あんたを父親殺しにさせるワケにはいかないから家に帰るのは止めた、と涙ぐんでいたんだよ」と教えられたのです。

母が父をいかに愛していたか、思い知ったことがあります。

別れて十年後、危篤の報《しら》せを聞いて病床の父を見舞いました。十年ぶりに見る父は癌《がん》で痩《や》せ細り、昔の面影《おもかげ》はありませんでした。両目から涙を溢《あふ》れさせ、ベッドのなかから小さくなった手を差し出してきました。最初で最後の父の涙でした。

帰宅して、父の死が間もないことを母に告げました。気丈な母は動揺を見せることはありませんでした。枕を並べて寝ていると、深夜、隣りの母の肩が激しく震えているのが暗闇のなかで見て取れました。声を殺して泣いていたのです。自分はなんという罪深い人間なのだ、と胸が張り裂けそうになりました。

今日においても癒えることない懺悔《ざんげ》の経験から、あなたさまへのアドバイスは、子供たちの立場でお考えくださいませ、でございます。

彼女の二人の子供が母の結婚相手に望んでいることは、にわか作りの親心で自分たちを猫可愛がりしてくれることではありません。諍《いさか》いを決して見せることなく母を慈《いつく》しみ、幸福な結婚生活を営んでくれることでございます。

暴力や悲しみとは無縁の母の笑顔が、子供たちにとっての幸福なのでございます。もしSM的趣向をお持ちであっても、同じ屋根の下の二人の気付きがなきよう、ディープな緊縛は控えていただきたいのです。

結婚の意義とは何でしょうか。

人生の逆境の時にあっても励まし合うことのできる生涯のパートナーに恵まれれば、苦しみは苦しみでなくなります。守るべき家族ができれば、楽しみは家族の数の分だけ何倍もの楽しみとなります。

家族は幸せになろうとして集《つど》い、寄り添うものでございますが、SEXと同じく、寄り添ったから必ずしもウマくやれるとは限りません。性と家族は「好かれなくてもいいから、嫌われないように」が肝心でございます。

家族の絆は「ともに乗る船」が人生の荒波を乗り越える旅のなかから生まれるものです。静かな海は立派な船頭を育てられない、といいます。愛する彼女と二人の子供との家族ゲームの触れ合いが、これまでになかった生き甲斐《がい》をもたらし、あなたさまを名キャプテンへと誘《いざな》ってくれるのではないでしょうか。

結婚にたじろがないで進まれてください。

「結婚する奴は馬鹿だ、しない奴はもっと馬鹿だ」が「人間だもの」でございます。

わたしはゲイですけど何か？

Q

「LGBTばかりになったら国はつぶれる」なんて言った阿呆な議員がいるけど、「ばかり」になるわけがないじゃない。オセロゲームじゃあるまいし。ちなみに、わたしたちは黒かしら？　わたしはゲイだけど、自分の意思でゲイになったわけじゃない。「生まれつき」。この点をもっと多くの人に理解してほしい。趣味の世界なら日陰でも我慢するけど、普通に生きているだけなのになぜ差別されなければいけないの？　同性婚になぜ反対するの？　普通の権利を得ることは悪いことですか。

（東京都・フリーライター・28歳）

A

サウナで寝ていると、股間に違和感を覚えました。何かしらんと見ると、見ず知らずの男がイチモツを咥《くわ》えています。

「何をするんだ」と足で蹴り上げました。

「だって好きなんですもの」と、敵はめげることなくしがみついてきました。あにはからんや、イチモツは怒張《どちょう》し、先走り液を見せていたのです。

いまでも自分を許せない記憶です。

昔、マニラの夜の繁華街で旧知の男と再会しました。愛人だった若い男性タレントが、ホテルの屋上から飛び降り自殺をしたことで知られる著名人です。

「朝から売りセンのお店を廻って若い男の精液を飲み歩いているの。口開《くちあ》け早々の子じゃないと濃いのを飲めないから大変よ」と宣《のたま》い、スキップして去る後ろ姿を見送りました。

「おやじ、涅槃《ねはん》で待っている」の遺言《ゆいごん》を残して逝ったとされる愛人青年の面影《おもかげ》が浮かび、複雑な気持ちとなりました。

男性アイドル専門の有名芸能プロ社長が、「スターの座」を餌に未成年の所属タレントを自らの男色《なんしょく》の餌食《えじき》にしていたことがあります。

こうした芳《かんば》しからざる性癖の人たちの足跡が、社会の偏見を生んできました。最近では、エルトン・ジョンやアップルのCEOティム・クックのカミングアウト、マツコ・デラックスさま等の活躍で、社会の差別意識が緩和される傾向にあります。

わが国においての同性愛に対しての危惧《きぐ》は、喫緊《きっきん》の課題である少子化問題の解決が阻害されるのではないか、の危機意識からのものです。同性愛は種の保存という使命に反逆する断食《だんじき》だ、との批判です。

が、エロスのメリットを生殖の面からのみ語ることは、非人間的なことです。人が人を純粋に愛することの価値は、最も最優先されなければなりません。あなたさまのDNAに生まれながらにして刻まれた性的趣向が理不尽な差別を受けてきたことへの憤《いきどお》りはよく理解できます。

法律や社会の常識は、いつもあとからついてくるものです。手前どももかつて恥毛《ちもう》を露出した写真集を出版して全国指名手配となり、逮捕され、前科者となりました。が、今日ではどうでしょう。悪い冗談のような出来事となっています。

社会に立ちはだかる通念は、一夜にして変えられるものではありません。が、社会が解消できない矛盾にもみくちゃにされて生きることはないのです。愛は障害があるほど尚更に燃え上がる、と言います。障害をエネルギーに、の知恵を発動されてタフに生きてください。

あなたさまのやるせない憤怒《ふんぬ》のお気持ちは、人々がもし自分は男好きではないのに、社会の規範によって男を好きになることを強要されたときの「心の破綻《はたん》」を思い描ければ、容易に理解できることです。

自分を知ろうともしない人間にどう思われようと恐れてはなりません。あなたさまは大統領でもないのですから、世の中を全部引き受けて生きる必要はないのです。自身の生きる意味を求めて生きればいいのです。

手前どもは日常的に多くの批評をいただく職業に就《つ》いております。が、いかに嘲笑《ちょうしょう》を受けても心が揺れることはありません。悪口はかえって、「そうした見方があるのか」の気付きに変換させていただいています。

どう思われるか、の生き方を捨ててラクになりました。愛する心にラベル、レッテルを貼ってはならないと考えます。

人の性を貶《おとし》めるものはその生をも貶める、のが「人間だもの」でございます。

娘が先生に喰われてしまう

Q

「色気のある子だね」。娘に会った大人たちの多くがそう述べます。軽い言葉なのでしょうが、私は気がかりでなりません。娘が中学生になり（親の私から見ても色気を感じます）、ますます心配は募るばかり。男の先生が、特に、心配。娘をいやらしい目で見ているのではないか。隙《すき》あらばチョメチョメしようと考えているのではないか。私の妄想ではありません。現にいたじゃないですか。フィリピンで一万二千人の女性を買春《ばいしゅん》していた元校長が……。聖職者は「性食者」なのよ、きっと。

（東京都・主婦・43歳）

A

わが子も大事だから人の子も大事だ、の他者を思いやる精神で世の中は廻っています。特に、聖職といわれる学校の先生にはそうした精神を人一倍持たれている人物がなられているはず、と信頼が寄せられています。

淫行《いんこう》元校長の出現によって聖職者は「性食者」であったのか、と震撼《しんかん》なされてのお気持ち、理解できます。この件についての解釈はこうです。

元校長はビョーキでした。

こう考えなければ説明できない、一万二千人余といわれる未成年者等への淫行でございます。が、いかなる聖職に就《つ》いていようと、人間であることから逃れることはできません。人間はビョーキにかかり、あのような過ちを犯してしまう生き物でございます。

この頃では教員や警察官、医者といった尊い職業に就かれている人間のあってほしくない性犯罪が、日常的にマスコミで報じられています。

しかしながら、そうした職業に就かれている人たちを全て「ビョーキにかかられている」と色眼鏡《いろめがね》で見てしまうことは間違いです。

失敗しない人間はいません。皆、過ちを犯して生きています。世界の見えている事象は、あなたさまの「心」に根差しています。

特別なケースに過敏になられ、警戒心を募らせられてのあなたさまのほうこそ、失礼ながらビョーキなのでは、と心配でございます。

熊や毒蛇に襲われて命を落とすケースが、日本では年間数件ほどございます。だからといって、熊や毒蛇の影に怯《おび》えて暮らしている人はどれほどいるでしょうか。「先生は好きモノだけがなりたがり」と言えども、あそこまでの人物は深海に棲《す》むリュウグウノツカイ、のレベルでございます。

今日の社会と教育環境の変化が、先生と生徒の間のハードルを低くしました。少子化によって少人数のクラス編成となり、先生と生徒のコミュニケーションとスキンシップの機会が格段に増えたのです。

中学生でありながらも大人の女性の体に成長を遂げたわが娘を見て、はたして先生はうちの娘の色香《いろか》と対峙《たいじ》し、無事乗り越えることができるだろうか、SNSを活用して先生と生徒が連絡をとり、勉強や生活指導をすることが当たり前になっている状況を見て、秘密の交信をしているのでは、と親たちの心配の種は尽きません。

が、子供が人を見るセンサーは親が考える以上に鋭いものがあります。わが子の審美眼をもっと信じるべきです。学校で学ぶことの要諦《ようてい》は知識を詰め込むことのみにあらず、教師や友人たちとの人間関係を通じて「人を見る目を養う」ことでございます。

それは家族での教育や躾《しつけ》を超えるものです。

大自然の岩場で風雪に耐えてこそ美しい花を咲かせることができる、人の波に揉《も》まれて心の成長の芽を吹くことができるのです。

生涯を教育に捧げられている真面目な教職者が大多数と考えます。日本社会の安全は、「子供の通学に親が必要ないのは世界で日本ぐらい」という事実が物語っています。

人生ではネガティブ思考という怪物が口を開けて待ち構えています。獲物になりたくなければ、起きてもいないことをアレコレと想像しすぎないことです。

どうせあの世に行く身で、ネガティブに考えることのメリットなど何一つありません。物事は、自分がどう見るかで決まります。人の評価を他人と同じように真似てするなら、あなたさまの人生の意味とは何でしょう。

自分の眼で見て目の前の人をありのままに受け入れるのが「人間だもの」でございます。

我がライフはキープでいいのか

Q

四十歳で異例の重役、美しい妻、かわいい二人の子どもたち、人生半ばですべてを手に入れたといっても過言ではないだろう。「俺は勝ち組だ、負け犬どもよ、ひざまずけ！」。超高層マンションからそう叫びたいときもあるが、本音はそこにはない。いまの生活をキープする。キープ第一主義になった時点で俺の人生は終わるのではないか。ブレイクこそが我がライフなのではないか。でも、ファミリーのことをシンクすると、一歩踏み出すカレッジがでない。

（東京都・会社員・42歳）

A

新聞で大きく取り上げられた事件の当事者となった、あなたさまと同世代の男がいました。一流大学を卒業し、キー局でプロデューサーをしている時に女性タレントの接待を受けました。俗にいうところの枕営業です。女性タレントは未成年でした。

このことが発覚して事件となり、彼は逮捕されました。マスコミにも大きく取り上げられて懲戒免職となり、妻も離婚して去りました。

彼は名実ともに裸一貫となり、AV男優として再起を図ろうとしました。好きこそモノの上手なれ、の見識でございます。その志《こころざし》の貴《たっと》きに共鳴し、彼の初出演作品を監督としてサポートすることにしました。

ですが、現場での結果は残念なことになりました。

それまでは呆れるほどにソソり勃《た》っていたはずのモノが、AV女優の「観音さま」を前に黙禱《もくとう》してしまったのです。

人生をかけた大一番で引きこもってしまうなんて、何という放蕩《ほうとう》息子でしょう。タイムアウトとなり、先走り液を見せただけで退場を余儀なくされたのです。その後、彼はいくつかの職を転々として、現在は居酒屋の副店長をしています。

彼はどうしてAV男優として成功することができなかったのでしょうか。

彼が「善良」だったからではありません。「諦《あきら》めた」からです。

明るいライトに照らされて、多くのスタッフが注視するなかでお尻の穴をジックリ見届けてくる視線に、いくら恥をかなぐり捨てたといっても、普通の神経の持ち主には耐えられるものではありません。勃起《ぼっき》不全は想定内のことでした。

一度のアクシデントにシッポを巻いて逃げた彼の志の低さが失敗の原因でした。彼に「失敗することでようやく最適解《さいてきかい》を見つけることができる」との認識があれば、今頃、彼は華麗な過去を持つAV男優として脚光を浴びていたに違いありません。

外見や知性のハンディキャップの人生に復讐《ふくしゅう》する怨念《おんねん》を持つ者だけが生きられるのが、AV男優という世界です。彼等はAV男優しか自分には選択肢がない、との覚悟に生きています。

あなたさまに、こうしたAV男優と同じ「諦めること」は「生きることを諦めること」の信念を持っていただければ、新しい人生を歩かれても間違いないと判断します。諦めないから成功するのです。

人生には諦めなければいけないことが一つだけあります。

それは「死ぬ」ことです。この「死ぬ」ということ以外に諦めることの所以《ゆえん》は何もありません。ある人は「人生は諦めること」と説《と》くかもしれません。賢い諦めや美しい諦め、正しい諦めがあると。

が、諦めてあなたさまの体や心、やがてはＳＥＸまでひからびさせてしまいかねない諦めに、何の救いがあるでしょう。何もユニクロの柳井さんやソフトバンクの孫さんになろうというわけでもないのですから、深刻になりすぎないことです。

人生はオセロゲーム、成功ばかりはありませんが失敗ばかりもありません。

卵を割らなければオムレツは作れないのです。「もし失敗したら」の考えがよぎり、母子家庭やホームレス生活が頭に浮かぶかもしれません。それとて、あなたさまの不屈のエネルギーに変換されることになりましょう。

あなたさまの奥様や二人のお子様のことを思うと目頭《めがしら》が熱くなります。

それでも、自分を振り切って生きてほしいと願います。振り返れば笑い話になる日が訪れることを信じて生きるのが「人間だもの」でございます。

お父さんを結婚式に呼びたい

Q

「お」の一文字がでてきません。言わなければと思うのですが、母の前で「お」の一文字が出てこないのです。私が小学三年生の時に両親は離婚。そこから女手ひとつで、母は私を育ててくれました。泣き言ひとつ言わずに。感謝してもしきれません。ですが、私は父にも花嫁姿を見てもらいたい。母にとっては赤の他人なのでしょうが、私にとっては、父はやはり父なのです。泣き虫だった私の頭をよくなでてくれた父——。「お父さんを結婚式に呼びたい」。無理な注文でしょうか。

（東京都・OL・29歳）

A

男と女の関係は、他人からは窺《うかが》い知れないものです。ましてやご両親の「男と女」の「実相」は、子供から見れば「迷宮の扉の彼方《かなた》」のごとく謎めいて見えるものでございます。

ＡＶに出演したことが露見し、母親から食卓の上の煮えたぎる鍋のお湯を頭からかけられた女性がおりました。病院での適切な処置によって事なきを得たのでございましたが、母親の怒りは彼女がＡＶ女優になったこと、ではありませんでした。

「あなたがＡＶに出演したことでお父さまがショックを受けられ、それ以来、夫婦の夜の営みがスッカリなくなってしまったのよ。だからあなたが許せない」

入院して治療を受けている彼女の枕元で、お母様が言い放った言葉でございます。

実母に熱湯をかけられたことより、「六十歳近くとなった両親がまだ性愛に耽溺《たんでき》する刻《とき》を重ねての現役であったことのほうがよほど衝撃でした」は、彼女ののちの述懐でございます。

両親を父と母ではなく別人格の男と女、と冷静に見ることはなかなか修養を強《し》いられることです。自分の両親だけは肉欲の虜《とりこ》になって理性を失った獣であってほしくない、の子供の思いは誰しも抱《いだ》くものでございます。

夢にも夜な夜な両親がアクロバティックな体位で互いを貪《むさぼ》り合い、リカオンのごとき獣声を上げているとは少しも考えたくないのでございます。

しかしながら、神様の思し召《おぼめ》しによって両親が動物の「オスとメス」と化して交わり、あなたさまを授かったのは紛《まぎ》れもない事実でございます。決して、手と手を合わせてあなたさまが誕生したのではありません。このことを受け入れることができれば、あなたさまがご自分の結婚式でいかに振る舞うべきかの打つ手は明らかでございます。

ご両親は、あなたさまの父と母である前に一人の男と女であることを優先されて離婚なされました。夫婦は別れてしまえば所詮《しょせん》、赤の他人の間柄でございます。

如何《いか》に最愛の娘の結婚式と言えども、只の男と女に戻られたご両親が「別れた相手の顔など見たくない」となられるのは「人情」でございます。

それでもこの機会に両親を一緒に式に招待したい、とのあなたさまの「人情」は分かりますが、そうした無理を通すことでご両親の「人情」を踏みにじることになることに思いを馳《は》せていただきたいのでございます。

ここは、これまで幾多の艱難辛苦《かんなんしんく》を乗り越えてあなたさまを立派に育てて下さったお母さまのお気持ちを忖度《そんたく》していただきたく存じます。娘の晴れ姿を万感の思いで見守るお母さまの心を曇らせてほしくありません。母と娘が抱き合う至福の時を過ごしていただきたいのです。

どうしても式当日の生の花嫁姿をお父さまにご覧いただくことを望まれておられるならば、新郎にお気持ちを打ち明けられ、新郎の控室に秘かに招かれてお披露目なされてはいかがでしょう。

結婚後には出産や育児、入学といった家族の行事が目白押しとなります。そうした折々に、お父さまとの絆《きずな》を深められていけばよろしいのです。

ご両親はすでに、それぞれに行き先の違う電車に乗られておいでです。

あなたさまの思いは分かりますが、勝手に進路変更し、脱線させかねない試みは感心しません。聡明な判断をなされて、ご自身の結婚式を祝福のうちに心おきなく楽しまれてください。

忘れていただきたくないことは、あなたさまのご両親だって生身の「男と女」の「人間だもの」でございます。

マジでストーカーする五秒前

Q

会いたい――。その何がいけないのでしょうか。三カ月前、彼氏にフラれましたが、どうしても諦《あきら》めることができません。会いたい、その思いを伝えるために毎日メールを送り、電話をかけています。なのに、すべて無視。なんで、なんで無視するの。あんなにあなたに尽くしてきたのに。私はゴミじゃない。あなたを許さない、絶対に……。危ない女になりつつあることは少しだけ自覚しています。だけど、とまらないの。村西さま、どうか私をとめてください。

（岩手県・フリーター・26歳）

A

誰に何と言われようと、好きになれないものは好きになれません。たとえばゴキブリです。ゴキブリにいくら好きだと言われても、死んでも好きになれないものです。

只今のあなたさまは、そのゴキブリに成り下がっておいでです。彼にとって、あなたさまはゴキブリよりタチが悪く見えているかもしれません。ゴキブリは追い払えば逃げていきますが、あなたさまは何度追い払っても、懲《こ》りずにまとわりついてくるからです。ゴキブリ呼ばわりした手前どもを罰して下さい。しかしながら、問題を解決するには、彼があなたさまをどう思っているか、目を凝《こ》らして見る必要があります。

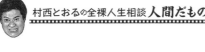

人間の心の移ろいは儚《はかな》くも残酷なものです。愛し合った記憶をたぐり寄せるがごとき未練を見せるあなたさまを、彼は「ゴキブリを嫌うがごとく」切り捨てておられています。ストーカー行為の邪悪なことは、嫌われることはあっても金輪際《こんりんざい》好かれることがない、ということです。

しかしながら、あなたさまの止《や》むに止まれぬお気持ち、理解できます。なされば宜しいのです。納得できるまでメールや電話を発信し続ければいいのです。納得できるまで舐《な》めたり擦《さす》ったり、挿《い》れたり出したりさせてきたのですから、今度は彼に我慢していただく番です。

メールや電話に飽き足らなくなったら、次はどんな手があるでしょう。

使用済みタンポンを郵送してきた女性がいました。生理の時でも構わず求めてきたあの頃のアナタが恨めしい、というわけです。

ワインボトルの小瓶にミルクを入れて送ってきた女性もいます。別れたあと、「アナタの子供を妊娠したことを知って中絶しました。オッパイから出たお乳を絞ってお届けします」の手紙が同封されていました。

通販で買い求めた包丁を四カ月にわたって毎日、「これで死んでください」と送り続けてきた女性もいました。包丁の先には、週刊誌に載った手前どもの顔写真が突き刺さっていました。

強姦《ごうかん》で警察に訴え出た女性もいます。初めて関係を結んだ時に遡《さかのぼ》って、「あれは犯されたのだ」と言い募られたのです。

真《ま》に受けた警察に呼び出しを受けて、ホテルでの実況検分に立ち会わさせられたことがあります。

こうした「格別な恋心」をいただいて、心に残っていた彼女たちと過ごした淡い想い出が霧散《むさん》しました。あのまま交際を続けていたら、いま頃は人生を棒に振っていたに違いない、と心から安堵《あんど》しました。

SEXでも人生でも、相手を思いやった人間に最後は勝利の女神が微笑《ほほえ》む、と考えます。さすれば時間を味方にする、という「知恵」を働かされるべきでございます。

三日に一回、を一週間に一回、とメールや電話の頻度を徐々に少なくしていくことです。そうすることで、彼に「気付き」が芽生えることが期待できます。あなたさまにも余裕が生まれます。

子供の頃、傷ついた様々な出来事も、振り返ればなぜあんなことに悩んでいたのかと笑い飛ばすことができるのも、「時間」という魔法の力のおかげです。事を急いで破滅の道に突き進むことは愚かなことです。

ストーカーに走る心は、「自分だけが大切」のエゴに根差しています。自分を信じることができないから、相手も信じることができずに自滅しているのです。

エゴを捨て、相手のことを考えて行動する、本来の自分に立ち戻らなければ、何であれ人生で勝者になることはできません。

世界は自分の反映だ、が「人間だもの」でございます。

見えております、孤独死が

Q

第二の人生とはなんでございましょうか。蕎麦《そば》をうつことですか。土いじりをすることですか。夫婦でクルーズ船ですか。来年、私は定年を迎えますが、第二の人生の意味がわかりません。仕事だけが生き甲斐《がい》であり、その仕事がなくなるのですから、人生は終わったも同然でしょう。妻がいれば、子どもがいれば、友達がいれば(同僚もみな仕事だけの関係)、少しは違ったのかもしれません。家はあるが、趣味はない。そんな男に未来などあるでしょうか。孤独死、はっきり見えているのはこの文字だけです……。

(岐阜県・会社員・64歳)

A

こうした人生を俺は本当に望んで生きてきたのか、と一夜鬱然《うつぜん》として布団の上にアグラをかきて腕を組み、漆黒の闇に目を凝《こ》らすお年頃でございます。

人生八十年の八割をつつがなく過ごしてこられ、お一人の身の上とはいえ、経済的にも健康の面でも幸せなお立場でございますのに、心が落ち着きません。

蒼《あお》い空を眺め、彼方《かなた》に拡《ひろ》がる風景を愛《め》でて幸福を感じられるならこの世はパラダイスでございますのに、ただ生きていけるだけでは幸せとは思えない、現代人の不幸がございます。

生き甲斐探しは、自分は何者であるかを見据《みす》えることから始めましょう。いくら自分の心のなかを顕微鏡や望遠鏡で覗《のぞ》いていても、自分を見つけることはできません。自分が誰であるかは、他人を鏡にして見ることで知ることができます。

他人をどう思うか、他人にどう思われるかで、自分という人間の「実像」が炙《あぶ》り出されてきます。

六十四歳はまだ朝勃《あさだ》ち世代、女性とのかかわりが有効でしょう。ここは着実に一歩ずつステップを踏むことにして、社交ダンスなどはいかがでしょうか。碩学《せきがく》は社交ダンスこそがエロスの極致《きょくち》、合法的姦淫《かんいん》である、と看破されております。

素性《すじょう》を定かに知らぬ男と女が手を握り合い、腰をかき抱きて下腹部を密着させ、めくるめく妄想の世界に遊びながら舞い踊る、そこにこそエロスが宿る、というのです。

多くの趣味と違って、社交ダンスで感じるエロスには格段に若返りの効用があります。人間の体は六十兆個を超える細胞によって形成されています。エロスを感じると、脳と体の全細胞が活性化します。六十兆個の細胞がそれぞれに作用し合って、無限の組み合わせが生まれます。それが閃《ひらめ》きとなって、時に音楽や小説や絵画といった芸術が誕生します。

先頃、人工知能がチェスや将棋のプロを打ち負かして話題となりました。が、チェスや将棋はせいぜい十億、百億の計算や記憶の勝負です。いくらコンピュータが発達しても、六十兆個の細胞が人間の体と脳のなかで互いにスパークして創造する芸術を超えることはできません。恋する男と女は偉大なる芸術家である、という所以《ゆえん》はその意味です。恋すること以上に有効なサプリや運動の若返りはない、と断言できます。

人工知能の致命的なことは、「死の概念」を持つことができ得ないことです。

「性と死」という「希望と絶望」の心の揺らぎを持つことができる人間だけが、エロティシズムを体感し、細胞を活性化させ、死ぬまで「性春」の甘美《かんび》なる果実を味わうことができるのでございます。

社交ダンスを覚えることで、あなたさまの欲望はいやましに肥大し、感性は研《と》ぎ澄まされるでありましょう。

知人に、六十八歳の現役ＡＶ男優がいます。

彼はダンス教師の掛け持ちをしています。五十歳までは設備会社の営業マンをしておりましたがリストラに遭い、ダンス教師となって、挙げ句、ＡＶ男優までのぼり詰めた細胞活性化の申し子でございます。

ダンスを極められてＡＶ男優とはいかないまでも、体内細胞の爆発によって新たなあなたさまを再生なされて下さいませ。

同僚は仕事だけの関係でしたとのお話ですが、「君子の交わりは淡きこと水の如し」でございます。結構なことです。

「死ぬ」と泣きながら歓《よろこ》びに震える姫君を組み敷く歴史を刻んで、一人で泣きながら生まれて一人で泣きながら死んでいく、のが「人間だもの」でございます。

私は福山雅治に抱かれていた…

Q

今日、まーくんが結婚した。マー君ではありません。私だけのまーくんです。福山雅治さまは私のすべてであり、彼がいたから、私はいまの旦那と結婚できたのです。まーくんがいなければ、不細工である旦那と一緒になることはなかった。だって、そうでしょ？現実を見ないことで、現実と折り合いをつけてきたのだから。旦那に抱かれていたのではない。まーくんに抱かれていたのです。でも、今日でその楽しき妄想も終わり。現実も音をたてて崩れていきそうです……。

（北海道・主婦・43歳）

A

あなたさまの喪失感は、スターに憧れる誰しもが抱くものでございます。

恐れながら、手前どもにもそうした経験がございます。相手は吉永小百合さまでございました。小百合さまがご結婚なされて受けた衝撃で、ある時期、勃起《ぼっき》の意味を失いました。

しばらくして気を取り直すことができたのは、結婚後にテレビにご出演された以前どおりの小百合さまを目撃したからです。否、新妻特有の夜毎《よごと》の過分な営みで蓄積されたであろう色香《いろか》で溢《あふ》れんばかりの艶《あで》やかさであったのでございます。

この時、ファンとしてのお付き合いが次なるステージに入ったことを自覚したのでございます。穢《けが》れなき乙女からエレガントな大人の女性への変身、でございます。このことから、いままで以上に小百合さまへ熱い想いを抱くようになりました。

それは、ここで書くことが憚《はばか》られるほどにヨコシマなことです。

妄想の世界での小百合さまは、性愛を覚えて「完熟した女の世界」を手前どもに惜しげもなくご披露され、身を委《ゆだ》ね、耽溺《たんでき》なされたのです。小百合さまが人妻とならなければ、味わうことのできない甘美《かんび》さでございました。小百合さまがご結婚なされ、人妻となられたことを心の底から祝福できました。

福山雅治さまがご結婚なされて、あなたさまがネガティブになられる必要を認めません。結婚を期に憧れの人が醜《みにく》くなられたり、才能が枯渇《こかつ》したというなら別ですが、結婚されて一皮ムけた男となられた彼を嫌う所以《ゆえん》は何処にもありません。

結婚生活の煩《わずら》わしい日常の事象に捉《とら》われることなく、妄想の世界でこれまでどおりに純粋に愛し合っている二人の時間を過ごすことができるのでございます。

ヒザ枕をしてうたた寝をしたり、音楽を聴いて口ずさんだり、青い空を見上げて流れる雲を見つめたり、一緒に添い寝をしてくれたり、の香熟《こうじゅく》な時間をひとり占めにして大切にしていただきたいのです。

生きていることで起きるアクシデントや不幸、悲しいことは、考え方次第でいくらでも楽しみに変えることができます。

世界はあなたさまの「考える力」の筆とペンキで如何様《いかよう》にも、どんな色にも塗り替えることができるのです。「考える力」を発動なされてください。

「考える力」で勝ち組となっている男たちがいます。AV男優です。彼等は、お相手の女優さまに一喜一憂することはありません。

頭のなかでは、いつもこれまで最高だったSEX、初恋の人、憧れの人を考えています。ゆえに監督や女優さまに薄情なことを言われたり、現場で気に障《さわ》るようなことがあっても動じることなく、仕事を貫徹して顔射《がんしゃ》を見せ得ているのでございます。

それは「考える力」でもありますが、「考えない力」でもあります。ともすれば、頭に浮かぶマイナスなことを一瞬にして消去する「考えない力」です。グズグズと考えても仕方がないことを考えて悩むことのない賢い仮面を被《かぶ》っていただきたいのです。

福山雅治さまは、あなたさまの「人妻という仮面」に合わせて「他人の夫」という刺激的な仮面を被られたのだ、とお考えください。

結婚なされた福山雅治さまとあなたさまの新たなステージの幕が上がりました。

もうこれ以上楽しいことはないだろう、と思えるほどに想像の世界で報われ、救われていただきたく存じます。

いい夢ならいくらでも見たほうがいい、夢を見るのが「人間だもの」でございます。

ミッキーマウスは逃げたりしない

Q

『春画展《しゅんが》』に行こうよ。大英博物館で開催されたことはあるみたいだけど、これほど大規模なのは日本では初だよ、初。初っていいよね。響きが違う。ミッキーは逃げたりしない。いつでも会える。でもね、『あのこたち』にはもう会えないかもしれない。アートだよ、日本の文化だよ。エロスは爆発だ〜！」。「春画展」に罪はないと思います。もっとこう自然に誘ってくれればもしかしたら、なのに、アートだの、エロスだの、彼の口ぶりに辟易《へきえき》しています。それでも付き合うべきでしょうか。

（東京都・OL・24歳）

A

喰わず嫌いは損、でございます。これまでも、見た目はグロテスクでも咥《くわ》えたり、オシャブリしてみたら意外なほどに興奮なされたことはいくらでもございましたでしょう。

そうした冒険がなければ、只今のような「めくるめく」選《え》りすぐりの快感を手に入れることができなかったことは明らかなことでございます。彼が春画に興味を持たれる同じ根っこから、あなたさまへの愛情が芽生えています。

もし、彼が春画といった性的世界に興味を示すことがない男性であったなら、あなたさまへの興味を持つことがなかったのでございます。

彼の春画への「スケベな好奇心」があればこそ、あなたさまへの恋心であり優しさである、とご承知ください。

彼に「スケベな好奇心」がなかりせば、あなたさまへの優しさも数分の一になってしまう、と断言できます。何でも性愛に結びつけて、いやらしいと軽蔑なさらないでください。このことは、あなたさまや彼を創られた神様や手前どもを創られた神様の思《おぼ》し召《め》しであるのです。

春画への彼の関心は、あなたさまへの愛へと変換するアプリに繋がっています。

あなたさまへの愛をポンプアップするための刺激を求めて、彼は春画展に行きたがっているのです。全てはご自身にもたらされる美味《おい》しさのため、とお考え下さい。

よく、パートナーとの価値観の違いを訴えられる方がおられますが、互いに価値観が違うのは生まれも育ちも違うのですから当たり前のことです。価値観が違うからと、一緒に行動することを毛嫌いしていては一生結婚できなくなります。

愛することは信じることとです。春画に限らず、彼が興味を示すことにご一緒してご自分の目で確かめられる機会を持つことは、彼を理解するうえで大いに役立ちます。

大切なのは思い遣《や》りです。思い遣りが必要なのは、ベッドの上での体位変えや手鏡で見せ合う時だけではありません。彼の我《わ》が儘《まま》に付き合ってみることも大切な思い遣りです。そして、次にあなたさまの我が儘にも付き合っていただく順番がやってきます。

春画それ自体は、AVを見慣れた日本人にはそれほどエロスを感じさせる力があるようにも思われません。

歌麿《うたまろ》や北斎《ほくさい》といった人気の絵師たちが精微《せいび》な筆捌《ふでさば》きで描いた秘め事は、江戸の文化史として一見の価値あり、とお薦めできますが、ゆめゆめ「馬鹿夫婦、春画を真似て手を挫《くじ》き」とならぬようお気を付け下さいませ。

人間は増上慢《ぞうじょうまん》なものです。運命など信じることをせずに、世の中は全て自分がしたことで回っている、と錯覚しがちです。その錯覚が打ち砕かれる時が来ます。不渡り手形を喰らった時ではありません。

愛する人との出会いです。いくら願っても叶わなかったに違いない奇跡の出会いです。互いに数億個の精子の争いに勝ってこの世に生まれ出てきた二人です。そのうえ、この地球上の七十億人の人間をかき分けての出会いです。このことを運命と云わず、何というのでしょう。

この事実を踏まえれば、運命に従って春画を見に行くことなど、何ほどのことでありましょう。

運命に逆らうことなく春画展にご一緒に足を運ばれ、彼を喜ばせてあげてください。そして、心のモザイクを解かれてあなたさまも発見と確認の刻《とき》を過ごされてみてはいかがでしょうか。

人生は喜ばせごっこ。さすれば極太のご馳走の振る舞いにありつくことができるのが「人間だもの」でございます。

Q ブラック企業なんてダメよダメダメ

苦労に苦労を重ね息子がようやく内定をもらったのですが、その会社はブラック企業として有名な会社。ノルマは厳しく残業ばかり。しかも、ノーマネー。「やめて！　お願いだから考え直して。死ぬよ！」と私は懇願したのですが、「もういいよ。これ以上は面倒だよ、就職活動」と息子。父ちゃんに相談しても「俺たちの時代はブラックが普通さ。昔から見ればいまは全部ホワイトだよ！」という始末。私は親バカじゃない。だって、死ぬよ、死んじゃうよ、私が全力で止めなければ。

（東京都・主婦・51歳）

A

かつて知り合いのヤクザの事務所の若い組員は、いつも生傷が絶えませんでした。敵対勢力との抗争で向こう傷、のせいではありません。親分の躾《しつけ》の賜物《たまもの》でございます。

親分は、若い衆《しゅう》が些細《ささい》な不祥事を起こしても殴る蹴るの制裁を働き、時にはガラスの灰皿で若者の頭をカチ割るという「躾」に及んだのです。

手や頭にいつも包帯を巻いてる組員の姿を見て疑問に思い、「どうして？」と組長に尋ねたところ、「こんな惨《むご》い仕打ちを受けているのなら、いっそ懲役に行ったほうがマシ」とシャバの未練を断ち切らせるため、というのでございました。

それでこそ、いつでもイザという時に命を捨てる覚悟で組長のために体を張る鉄砲玉を育てることができる、との論法です。

新人社員には英会話を習わせ、ビジネススクールに通わせる今時の一流企業とは大違いのコンプライアンスでございます。

あなたさまのブラック企業の定義、とは何でしょうか。

手前どもの認識では、社員に組長のような「反社会的仕事をさせる」組織でございます。労働条件や待遇が悪ければ、「義務教育」でもないのですから辞めればいいだけのことです。

ご子息は「これ以上は面倒だよ」とのことでございますが、率直に話し合われてみてはいかがでしょうか。ご子息には意外な考えがあってのことかもしれません。

申し上げられることは、ご子息がどんなお仕事に就《つ》こうと完全にあなたさまが満足することはないということです。なぜなら、あなたさまはご子息ではないからです。このことを弁《わきま》えることは就職のみならず、今後起きうる結婚、嫁や孫との付き合いで大事になります。

人それぞれに役割があります。あなたさまの役割は、ご子息が生まれてきたことを呪うほどの逆境にあっても、心を鬼にしてただ見守ることでございます。

自分が気にかけていなければ駄目になる、という心配はくすぐられるものですが、そうした考えの根底には、ご子息をいつまでも繋ぎ止めていたい、という子供への依存心が見え隠れします。

御主人さまの「俺たちの時代は」のお言葉は、あなたさまへの叱咤《しった》ではなかったか、と推察します。わが子がみすみす不幸になるのを黙って見ていられない、という母心は痛いほど分かりますが、自分の愛に酔ってはいけません。

泥んこ遊びに目を輝かせていた幼い日のご子息を優しく見つめていた母心に回帰して、ご子息を温かく見守ってやってください。

ご子息は、あなたさまが願うような仕事に就くことはできないかもしれないけれど幸せで、それが少しも不幸と思わなければそれでいいのです。

あなたさまは、何でもはじめから幸せだったでしょうか。

はじめは痛いと叫んでいたのに、それがいつかアクメの感泣《かんきゅう》に変わったことを思い浮かべてください。

死にもの狂いでやっているうちに自分の価値を見出《みいだ》して満足を手にするものです。ご子息は自分に合う仕事を見つけるのが仕事、の季節です。ご子息は、世間に出たばかりの若竹なのです。

竹刀《しない》での果たし合いは強いが真剣での斬り合いには滅法弱い新参者のサムライが、自分の真の実力を見定め、いかに武勲を立てるか模索する時期なのです。

旅立ちが必要なのはあなたさまです。ご子息との二人羽織《ににんばおり》を続けて新婚初夜にも登場するというわけにはいかないのが「人間だもの」でございます。

翔ぶな埼玉、付き合ったら結婚だ

Q

『翔んで埼玉』の影響かどうかはわかりませんが、年下好きだった自分が、まさかまさか、一回りも年上の女性を好きになってしまうとは。彼女も好意を寄せてくれているご様子。でも、三十八ということは「付き合う＝結婚」と思われ、「結婚＝子どもがほしい」と思われ、いますぐ告白したいのですが、草葉《くさば》の陰から婆ちゃんの声が聞こえてくるのです。「翔《と》ぶな埼玉」と……。彼女は白金《しろかね》育ちのお嬢さま、自分はまだまだ遊びたい埼玉人。結婚抜きでお付き合いすることは、やはり失礼でしょうか。

（埼玉県・会社員・26歳）

A

年上の女性を見くびってはいけません。お相手の女性は、十二歳も年上の世の中の酸《す》いも甘いも嚙み分けた女盛りでございます。「お突き合い」をしたからといって、すぐに結婚に結びつけるような単純さは持ち合わせていません。

四十前後の女性は、生きることに貪欲《どんよく》です。若い男性をコヤシにして自分の元気の源にしよう、と旺盛《おうせい》なたくらみをお持ちです。彼女は「三下奴《さんしたやっこ》」め（失礼）、遊び盛り上等、望むところだ、のお考えではないでしょうか。

問題は、あなたさまが彼女のお眼《め》鏡《がね》にかなうか、です。車を求められる時は外見ばかりでなく、実際に試乗してその乗り心地を確かめられます。エンジンや足回りの調子が気に入って、初めて購入となります。はたして年上女性の車検に合格するか、そちらの心配のほうが先ではないでしょうか。

手前どもが二十代の頃、お相手した年上女性たちは、熟練と若いパワーを交換する合理的思考の持ち主でございました。そのために、どれほど不本意で不条理な思いを味わったかわかりません。

朝から晩まで続けて、しばしの休息後、再び晩から朝まで求められたスナックのママも四十少し前でした。ハワイで知り合ったお土産店のオーナーママは朝方近く、五度重ねたおツトメに腰砕けとなってホテルのベッドで横たわる手前どもの傍《そば》で、「やっぱり韓国の男のほうが強いかもね」とホザかれました。あの方も、たしか四十近くでした。彼女は暫《しばら》くして部屋に黒人男性を招き入れ、「見ててね」と人でなしの一部始終のご披露に及んだのでございます。

駅弁をご教授くださったのも、四十路《よそじ》の華道師範でございます。寝室にお供して合体後、「タって」のお言葉。入れたまま立つことを合点《がてん》して立ちましたら、「歩いて」のお導き。立てば歩めの親心、を体現しますと、「弁当、弁当と言って」のご鞭撻《べんたつ》。その夜、確実に百個以上の弁当を売って「駅弁」なる体位の免許皆伝のご伝授を賜《たまわ》ったのでございます。

斯《か》くのごとき経験から申し上げられることは、若い男性にとって年上女性は「宝石箱」ということです。自分の限界を乗り越えるチャンスを与えて下さり、その経験が宝物となるからです。

恋愛のアレコレは泳ぎや自転車乗りと同じように、自分の体験を通してしか実感できません。彼女は、極太を確かめたわけでもないあなたさまのどこを気に入られたのでしょうか。

遊びと結婚を天秤《てんびん》にかける計算高い用意周到さではありません。

人は人を真剣に好きになるほど魅力的になります。だから人は、真剣な人をもっと好きになってしまうのです。

彼女があなたさまに求められているのは、青年の一途《いちず》さです。過ぎ去った青春時代、どれほど人を純粋に愛し、希望を託したか、その名残《なご》りをあなたさまに見出《みいだ》してトキメいておられるのではないでしょうか。

自分の恋を特別視することはありません。年上の女性が、若い男に恋の手ほどきをするのは人類の伝統芸です。これから先、どんな風景を見ることになるか、いまそこにある山を登り詰めてみられてください。

これからの人生で怖《お》じ気《け》づくことや、克服することが困難と思えることが山ほど待ち構えています。

素晴らしいと思える体験など滅多にありません。恋愛ぐらいは前向きに、挑戦的にお楽しみになってください。

「愛」は、若さには「試練」と同義語なのが「人間だもの」でございます。

Q ベッキーが不憫でならんとです

私はズルい女です。いや、ズルか女です。熊本の、ある地方ではいい女房と思われていますが、不倫を二度ほど経験しております。人を好きになることに、倫理もなにもないのではないでしょうか。好きになったら、どうしても止められないもの。ベッキーの不倫騒動もそうでしょう。部外者がとやかくいう問題ではありません。好きにしたらよか。それではいかんのでしょうか。こげんこと表で言ったら、ダメなことはわかっておるのですが、テレビを観ていると二人が不憫《ふびん》でならんとです。

（熊本県・主婦・46歳）

A

記者会見で「お突き合い」の事実を否定し、嘘八百の言い訳をしたことが「チ○ポ舐《な》めても世間舐めるな」と世間さまの怒りを買い、鉄槌《てっつい》が下ったのでございます。

あなたさまの仰《おお》せのとおり、人を好きになることは「太陽が東から昇って西に沈む」ことを止めることができないのと同じ、人の世のならい、でございます。

が、かねてから彼女は「私はスキャンダルは決して起こさない、それで潰《つぶ》れていった芸能人をたくさん見てきたから」と公言し、モラルの申し子のように振る舞っておられました。

しかしながら、裏では妻ある男性と正月早々、「煙が立ち上《のぼ》るほどに突き合い」、新年、突きましておめでとう、とやっていたことが露見してしまったのでございます。

この裏切りが「嘘つき」「ズルイ」と、特に明日はわが身の世の奥さま方の顰蹙《ひんしゅく》を買い、このたびのバッシングへと繋がっております。

三十過ぎの大人の女性のク○トリスに倫理のカットバンを貼るがごとき世評の無慈悲さを不快に思うあなたさまのご意見に同意でございます。

記者会見で正直に、「好きになった人に奥さまがいました。奥さまごめんなさい」と頭を下げて許しを請《こ》うたなら、芸能活動は首の皮一枚で繋がったのではとの見立てもございますが、正直に生きたら身の破滅になるのが人気稼業《かぎょう》の切なさでございます。

道ならぬ恋は、それゆえに燃え上がるのでございます。

北海道でセールスマンをしていた頃、夫と子供のいる三十過ぎの人妻と恋に落ちました。関係は一年近く続きました。

純粋な彼女は思い詰め、「あなたとは別れることができない、夫と息子に申し訳が立たないから、このうえは一緒に死んで」と懇願してきたのです。これまでの行きがかり上、嫌とは言えず、心中を了承しました。

二人を乗せた車を、冬の雪景色の支笏湖畔《しこつこはん》に停めました。車中で彼女に促《うなが》されるままに、用意してきた睡眠薬を掌《てのひら》に山盛りにして一気に飲み込みました。

彼女も同じように、大量の白い錠剤を口に含んでペットボトルの水で流し込んだのです。しばらく時間が経っても、体に何の異常も起きませんでした。

それもそのはず、手前どもが用意したのはビタミン剤でした。

彼女は助手席でシートを倒し、目を閉じておりましたが、三十分ほど経って目を開き、「帰りましょ」と申されたのです。札幌へ帰る道中の一時間、彼女は一言も口を開くことがありませんでした。

いつもの分かれ道に車が停まると、彼女はドアを開けて外に出て一言、「こんなことだと思っていたわ」と言い放たれたのでございます。去って行く彼女の後ろ姿をバックミラーで見ながら、心のなかで己の卑劣《ひれつ》さを詫びたのでございます。

ゲスの極みのカッパ頭は、妻ある身でありながら「中出ししなければ許される」程度の贖罪《しょくざい》意識で、ベッキーさまを寝室に誘《いざな》ったことをボロクソに叩かれております。が、手前どもには彼を石もて打つ資格はありません。

寒い風に吹かれて、震えながら軒下《のきした》で羽根を休める雀が二羽見えます。辛いだろうけれど、二つの心は互いに固く結ばれて、やすらかで夢心地《ゆめごこち》のように窺《うかが》えます。

愛し合うことは体だけではなく、心も一緒になることです。別れることは生木《なまき》を裂くこと、身を切られて命をなくすこと、です。

だから安易に愛することなどしないほうがいいのに、でもヤッパリ愛してしまうのが「人間だもの」でございます。

二十年ぶりに父が戻ってきたが

Q

高校三年生のとき、父は家を出ていきました。女です。よその女に惚《ほ》れたからです。あれから二十年。父が戻ってきたという報《しら》せが母からありました。理由はわかりませんが、おそらく棄《す》てられたのでしょう、ゴミみたいにポイと。「バカじゃない!」「穢《けが》らわしい!」と私は思うのですが、なぜか母は「もう許してあげて」の一点張り。好きにしなよと思うのですが、実家に帰省するとあの父がいると思うと、もう二度と帰りたくありません。介護が必要になっても、私は助けない。助けるもんか!

(徳島県・主婦・37歳)

A

子供にとって両親の仲睦《なかむつ》まじい笑顔は、何よりのご馳走となるものです。多感な高校時代に、そのご馳走を取り上げられて突き刺さったトゲが、今日においても癒えることのないあなたさまの心の傷を思えば、お母さまが何と言おうと「許せない」と父上を拒まれるお気持ち、よく理解できます。

しかしながら分かり切ったことですが、ご両親はあなたさまが〝イク〟と絶頂を迎えても、同じように〝イク〟を極めることはない、別人格の持ち主でございます。ゆえにご両親が再びヨリを戻そうと、それはあなたさまには与《あずか》り知れぬこと、とお考えになられればよろしいのではないでしょうか。

将来の介護のことを気になされているようですが、起きてもいないことを悪く考えて得るメリットは何もありません。

母はユニークな女性でした。手前どもが世に出てテレビに出演したりするとすぐ電話をかけてきて、「おい、お前はいつからあんな偉そうなことを言えるようになったんだい、夜中に便所に行くにも母ちゃん怖いよ、と泣きじゃくっていたガキがよ」と喧嘩腰でございます。

「近所の人はな、息子が世の中で知られるような人間になったんだから、オバちゃんもさぞかし贅沢《ぜいたく》をさせてもらっているんだろうね、って言うんだよ。贅沢ってどうやるんだい」と小遣いのおねだりなのでございます。

ある時、些《いささ》か増上慢《ぞうじょうまん》になった手前どもが「母ちゃんにはガキの頃から随分と殴られたよな、水に流しているけどさ」と軽口を叩きますと、母は電話の向こうで「馬鹿言ってんじゃないよ、お前が高校を卒業するまでどれだけ母ちゃんに面倒かけたと思っているんだ。食うや食わずの時代に、自分の食べるモノを削ってお前に食べさせて育てたのは誰なんだい、中学生まで寝ションベンをして苦労をかけたのはどこの誰であったか」とスゴまれたのでございます。

口惜《くちお》しくも事実はまさしくそのとおり、口は災いのもと、となっていつもの倍の送金を余儀なくされたのでございました。

あなたさまには恩讐《おんしゅう》を水に流す、「お互いさま」で人間社会は支え合っている、との知恵を発動されていただきたく存じます。

よちよち歩きのイタズラ、ワガママを水に流しながら育ててくださったご両親を、あなたさまも水に流しながら黙って見守って差し上げる寛容さがあって然《しか》るべきではないでしょうか。

ご両親に育てられた高校までの同じ歳月を「水に流して生きる」のも浮世の義理というものでございます。

お母さまが「もう許してあげて」と申されているのは、父上が幼い日々にあなたさまをどれだけ許し、愛して育てられたか、の記憶をお持ちだからでしょう。

もし父上に愛娘《まなむすめ》への「水に流す」慈《いつく》しみの心がなかったのなら、そもそもお母さまは父上に恋することもなく、あなたさまがこの世に生まれることもなかったはずでございます。

子育ては諦《あきら》めること、と言いますが、老いた両親とのお付き合いも諦めることで新たな親子関係が始まるのでございます。

老いた両親の面倒、という突然の矢が飛んできました。この老いた両親との距離感のとり方は人それぞれ、「命」という大事なものをいただいた感謝の心に比例していいのだと思います。

生きていて恐ろしいものは何もありませんが、時として自分を滅ぼすことになる「恨み」という恐ろしい毒を飲み続けるのが「人間だもの」でございます。

手切れ金を払わず、やり逃げ

Q

この世でいちばん恐ろしいのは、女です。鬼など屁《へ》でもありません。先日、某落語家との不倫を愛人が暴露して世間を騒がせました。私は無名ですのでそのようなことはないと信じたいのですが、もしかしたら、と思うと夜も眠れません。別れ方があまりよろしくなかったので。正直に申します。結婚を匂わせつつ、乗っかるだけ乗っかり、手切れ金も払わず、逃げました。悪いのは、私です。いますぐ彼女のところへ行き、土下座すべきでしょうか。金はないが許してくれと……。

（東京都・会社員・35歳）

A

先の某落語家のスキャンダルは、ケチが招いた災いでございます。

胸ヤケするほどの手切れ金をお渡しになられていたらあんな醜態《しゅうたい》を見せることはなかったのに、とお悔やみ申し上げます。

姫君が期待なされている「おもてなし」とは、如何《いか》なるものでしょうか。

事後、足の付け根に唇をはべらせ、あたかも電動バイブのごときに動いて後戯《こうぎ》をほどこし、覚えめでたくすることではありません。姫君がシャワーを浴びている間、そのお財布にソッと数枚の福澤諭吉を忍びこませることでございます。

別れたあと、お財布のなかの諭吉先生を発見し、年上男性の過不足ない「おもてなし」に触れて、姫君は改めて陰唇《いんしん》をビブラートさせ、シトド濡れるのでございます。

ケチが災いとなって、仇《かたき》をとられた二人の男をご紹介します。

一人は、夜の銀座で高価な時計をプレゼントすることで知られた男でした。

男は金貸しを業としておりました。気に入ったホステス嬢の腕に、矢庭にポケットから取り出した婦人物のブランド時計をハメて「似合うね、君にピッタリだよ」とやるのでございます。

そして、ホテルのルームナンバーを書いた紙を渡して「店が終わったら待っている」

と耳元で囁《ささや》き、立ち去るのでございます。それらの時計は、もとはといえば担保代わりに客から預かった物でございます。

ホステス嬢は困惑しつつも、期待に胸を膨らませて、閉店後、指定されたホテルに向かう、という寸法でございます。その後の成り行きはおよそ想像がつくのでございますが、ある夜、男と行きつけのクラブで会いますと、ガックリ肩を落としていました。

狙っていたホステス嬢がそのまま行方不明になってしまい、一千万円近い時計を持ち逃げされた、というのでございます。応分の代価を払う労を惜しんでケチったために、何十倍もの代価を払わされる罰を受けた、のでございます。

そしてもうひとり。友人の中小企業のオヤジが、韓国バーのホステス嬢に入れあげました。お店で初対面の時から「こんな気持ちになったのは初めて」とホステス嬢から熱い視線を送られ、男と女の関係となって彼女のマンションに入《い》り浸《びた》り、半同棲《はんどうせい》状態となりました。

手料理を振る舞われ、爪を切られ、靴下を履《は》かせてもらう、の至れり尽くせりの「おもてなし」でございます。といって小遣いをおねだりしてくることなく、新しいネクタイを週に一本はプレゼントされるという貢《みつ》がれぶり、でした。

が、ある日、彼女は「お別れします」とさめざめと泣くのです。

事情を聞けば、友達の保証人になったものの、彼女が行方不明になったため、明日からソープに行って働く、というのでございます。

福山雅治気分となっていた中小企業のオヤジは「俺にまかせておけ」と信金の定期預金を解約し、彼女に二千万円の金を渡しましたら、これまた翌日、行方不明になったという顚末《てんまつ》でございます。

時計の男も中小企業のオヤジも、ともに絵に描いたようなブ男でございます。分相応の「おもてなし」で満足していればいいものを、思いあがって仇をとられたのでございます。

さあ、いまからでも遅くはありません。彼女に連絡をとられて、これまでの「乗り逃げ」の非礼をお詫びなされることをお勧めします。

こちらが悪かった、と言えば大抵のことは収まるのが「人間だもの」でございます。

彼が「草食」なら私が「狼」に？

Q

彼氏いない歴五年。三カ月前、ようやく「いいね」と思える男性と知り合いました。ですが、告白もされず、デート(?)を繰り返す日々。家にお泊まりしたこともあるのですが、隣で寝ていてもなにもしてきません。なにもどころか、二度目も三度目も、ただ背を向けて寝ているだけ。「草食系」なのか、「意気地《いくじ》なし系」なのか、「やらぬが仏」の精神なのか。私が狼《おおかみ》になれば、もしかしたら物事は前に進むかもしれません。でも、恥ずかしくてそんなことできませぬ……。

（神奈川県・ＯＬ・29歳）

A

まったくマナー知らずの男がいたもの、と呆れるばかりです。とっくの昔にポッカリ穴の空いた気分となられて然《しか》るべきでございますのになんともオトボケな野郎がいたもの、と腹立たしく感じております。

「オシンコ」の四文字は言えても「オ〇ンコ」の四文字など、殺されても口にすることのできない躾《しつけ》の行き届いた淑女のあなたさまには「いつまで私に恥をかかせるの」の足蹴りをすることなど、できない相談でございましょう。

恋したあとの最大の幸福は自分の告白をすることですが、あなたさまの「美意識」がその幸福を奪っておいでです。

しかし古来より、愛はプライドを捨てて狂ったように欲しがる人間が手に入れてございます。言葉は無理であっても、「狂ったよう」な態度をとられて白黒をつけるのも一つの手かと存じます。

かつて、ある地方のテレビ局の深夜番組のMCをいたしておりました。アシスタントは好みのタイプの二十代後半の美形タレントでした。収録の回数が重なり、互いに憎からずの気配となりました。

が、彼女には某有名ゴルファーの愛人である、との噂がございましたので自制していました。

番組収録がスタジオでなく、有名リゾートホテルの施設で行われた時のことです。

一人、ホテルの控室で待機しておりますと、突然、彼女が現れました。

「どう？　このドレス、似合うかしら」

彼女は着ていたチャイナドレスの裾《すそ》を持ち、一気に足の付け根までたくし上げてみせたのです。ソコを覆《おお》い隠している一片の布もなく、生い茂る漆黒のジャングルだけが見てとれました。彼女の覚悟とヤル気に翻弄《ほんろう》され、我を失いました。

奮い立って場所柄も弁《わきま》えず、その場で組み敷き、射抜いた時、「ジャンボより、ジャンボ」と彼女は呻《うめ》いたものでございます。

その後、番組はますます息の合った二人の司会ぶりが好評を博して、その地方局最高の視聴率を獲得する人気番組となりました。

あなたさまにも彼女に倣《なら》い、下着をおつけにならずに彼の前でスカートの裾を大きく捲《まく》り、「どうかしら」とのご開帳を試みられることをお奨めします。どうか、はしたないなどと思われないで、勇気を振り絞られてください。恋の力で装っていたものを、愛の魔力で脱ぐだけなのでございます。

そしてまた、彼の真実を知った時、あなたさまの真実も試される時でもあることを忘れないでいただきたく存じます。

ようやく口説《くど》き落とした女性がおりました。いざベッドに誘《いざな》い、顔を埋《うず》めましたら、あろうことか、そこには毛が三本しかありませんでした。あるべき恥毛《ちもう》地帯はケロイドに覆《おお》われていたのです。息を呑み、言葉もなく、木像と化した手前どもに「ごめんなさい」の言葉を残して、彼女は部屋から消えました。

翌晩、彼女がママをしていた店に行くと、馴染《なじ》みの店長から「ママは体調を崩して田舎に帰りました」と告げられたのです。店も間もなく閉じることになって、その後、彼女の姿を見ることはなくなりました。

あの時、アホ丸出しとなって茫然《ぼうぜん》としていた自分が許せません。

あなたさまがヤブをつつかれたら、短小、早漏《そうろう》、経験不足、あるいはどんな彼の性癖の負い目が顔を出すことになるでありましょうか。

それもこれも人生の試練です。臆病にかられて手を伸ばすことを怖がらないでください。手が届かない時には手を伸ばすのが「人間だもの」でございます。

俺は絶対に、結婚はしない！

Q

友人のなかで、俺が最後の独身貴族。バスに乗り遅れたのではなく、バスに乗らなかったのだ。友人と会えば妻の愚痴ばかり。乗らなくて正解。一度きりの人生なのだから、もっと自由に楽しみたい。金も奪われ、自由も奪われ、最後は熟年離婚……それだったら、最初から結婚しなければいいじゃないか。あわれだよ、みじめだよ、そんな人生。彼女は必要だ。でも俺はこれからも絶対に結婚はしません。俺のものは俺のものが「人間だもの」でございます。

（東京都・会社員・45歳）

A

友人が妻の愚痴を言ったからといって、結婚生活そのものを否定していると考えるなんて馬鹿も休み休み、の話でございます。

多くの男たちは家庭を持ち、大黒柱として家族の雨除《あめよ》けとなり、憩《いこ》いの場所を提供することに生き甲斐《がい》を感じています。

お叱りを承知で申し上げれば、悠々自適な独身貴族ライフのあなたさまの幸福感など独りよがりなものです。人間は誰でもそうだ、と言うかもしれませんが、違います。自慰《じい》の快感と他者との肉体関係を比べてみれば一目瞭然です。自分だけが気持ちいい、の快感なんてたかが知れています。

性愛では相手の喜びが自分の喜びとなり、自分の喜びが相手の喜びを増幅させる、そうした心の通い合いによって官能が幾重《いくえ》にも高まり、極上の性愛のエクスタシーを味わうことが叶うのです。それはとてもとても、独りよがりの自慰では到達することのできない、めくるめく色彩を帯びた頂《いただき》の風景です。

夫婦とは、男女が互いを伴侶にすることで喜びを二倍に、悲しみを半分にできる人生の「処方箋《しょほうせん》」でございます。こうした「救い」となる「結婚」を、一度きりの人生なのだからもっと自由に楽しみたい、と忌避《きひ》なされるあなたさまの損得勘定が残念に思われてなりません。

紅白歌合戦にも出場したことがある演歌歌手がいました。五十を過ぎて持病の肝臓病が悪化してステージに立つことがままならなくなり、奥方を杖《つえ》に、昔の友人知人を頼っては借金を重ねる暮らしを送っていました。

二人は人前に出るときは、いつも赤い糸で自分たちの小指と小指を結んでいました。奥方のつきっきりの看病の甲斐なく、ご亭主は逝きました。

葬式の一切とその後の未亡人の面倒を見たのは、貸した金を踏み倒された初老の金貸しです。金貸しは、貞節を尽くして最期を看取った未亡人の純な心に惚《ほ》れ、援助を申し入れたのです。

やがて未亡人は金貸しの男の情熱にほだされ、男のもとへと身を寄せました。ほどなくして金貸しも天に召されることとなり、莫大な遺産が未亡人に遺《のこ》されました。

先立たれた二人の夫の墓は、二人の男が共に愛した海の見える丘の墓地にあり、祥月《しょうつき》命日《めいにち》には欠かさず夫の墓前に花を手向《たむ》けて、ぬかずく未亡人の姿を見ることができました。忘れることのない「憧れる」情景です。

演歌だと笑ってくださって結構ですが、この齢《とし》になって恥ずかしながら分かったことがあります。

愛するということは、その人の欠点を含めて丸ごと全部愛する、ということです。

若い頃は違いました。好きではあるけれども嫌いなところもある、と相手をまだら模様に愛していました。しかし人を好きになることは、イヤだと思えることをも全て受け入れて好きになること、と知ることができるようになったのです。

このことで手に入れたものは極上のソソり勃《た》ち、ばかりではありません。静かな心、です。キザな言い方をすれば、潤《うるお》いのある心、です。自分がそうであるように、相手も自分の欠点を全て受け入れてくれている、という安心感です。

人を愛すること、伴侶となることで得るメリットはいろいろありますが、手前どもはこの「満たされた心の静けさ」こそかけがえのないものである、と考えます。

一度ご結婚をなされて、この世に自分の命と引きかえても悔いのない存在があるかどうか、確かめてみるのも「人間だもの」でございます。

新妻の料理が絶望的に不味い

Q

新婚生活八日目。脳裏に離婚の文字がよぎります。理由は、妻の料理が不味《まず》すぎるから。「喉元過ぎれば熱さを忘れる」と言いますが、あの不味さを忘れることなど永遠にできません。七日目に勇気を振り絞って「味見した？」と問いかけたところ、「味見ってなによ、失礼ね。文句を言うなら食わなくてよろしい！」とヘソを曲げてしまいました。これから死ぬまであの不味い料理を食べ続けるか、それとも、今すぐ離婚か。「料理教室へ行け！」とビシッと言えればいいのですが。

（山形県・会社員・31歳）

A

随分と答えが明白なご質問を賜《たまわ》ったもの、と感謝いたしております。

お答えは十人が十人とも同意見でありましょう。「そんなに嫌なら自分でお作りください」でございます。

奥さまはあなたさまを愛していないから、ではなく、よほどお料理が不得意、というより嫌いな性質《たち》なのでしょう。だからあなたさまに注文をつけられると、素直に従うことができずにヘソを曲げられておしまいになられるのです。

ベッドの上ではどんな注文をつけられてもヘソを曲げられることがないのは、好きこそモノの上手なれ、ゆえでございます。

奥さまは、妻の役割を料理や掃除や洗濯上手のことではなく、床上手《とこじょうず》を最上位に置かれる先進的なお考えの持ち主である、と考えれば納得がいくというものです。そのことに価値を認めないのに、好きになれ、工夫しろ、と強《し》いることは、逆にあなたさまの「愛のありよう」が問われかねません。

ここは昭和の時代の「料理は妻が作るもの」の古い考えにおサラバなされ、損か得かの勘定でお考えになられてください。これから先、死ぬまでウマい料理を食べ続けることができる道、の選択です。

いにしえより、料理上手は男たちに軍配《ぐんばい》があがってきました。

一流といわれるシェフ、料理人をみればことごとく男であることからも、男こそ料理巧者であることを知るのです。

衣食住のなかでも最も人生を贅沢《ぜいたく》に彩《いろど》ってくれる「食の世界」をこのうえないものにするには、ご自分がお食べになりたいものを自ら選んで料理して食するべき、でございます。

性や職業や住まいは自分の好みで選びながら、肝心の「食」のほうは他人任せであることのほうが不自然です。

手前どもは、もう何年も好きなものは自分でスーパーで買い求め、家で自分で料理して食べる生活を続けています。仏頂面《ぶっちょうづら》で料理を作られる嫌な気分から逃れられる心地《ここち》よさもありますが、食べたいものを好きなだけ食べる満足を手放したくないからです。

もう二度と、グズグズしていたために包丁を入れた茄子《なす》の浅漬けの断面が変色してしまい、新鮮さが失われたモノを口にする破目《はめ》に遭いたくないのです。

喧嘩した妻による夫への復讐《ふくしゅう》で最も多いものに、料理のなかに鼻くそ、唾液《だえき》、たばこの灰を入れる、があります。自分で料理したものだけを口に入れるという「選択」は、そうした疑心暗鬼から解き放たれる知恵でもあります。

料理下手の年増女性《としま》がおりました。二回り年上の女性です。女性にお金を借用しておりました。月に一度は金利と書き換えの手形を渡しにお宅に伺い、「手料理を頂戴する」のが慣例となっていました。その手料理の不味いことといったら、とてもノドを通るものではありませんでした。

食後は寝室でのご奉仕タイムとなるのでしたが、行為の最中に何度、食べたものを彼女の顔に吐きかけたかしれません。あの日からです。二度とお付き合いで不味い料理を上と下の口に食するのをやめよう、と心に誓ったのは。

賢者は「料理上手な妻、そんなものはこの世に存在しない、それは流れない水、熱い氷を探す業《わざ》に等しい」と諫言《かんげん》しています。

生き残ってきた者は強い者ではなく、自分を変えることができた者、相手を変えようとせずに自分が変わることができた者が、つつがなき幸福な結婚生活を送ることができる、のが「人間だもの」でございます。

同棲を認めてくれないバツ三の父

Q

「ケチケチするな！」。何度説明してもこの調子。親父の言葉を意訳すれば、「同棲《どうせい》なんて中途半端なことするな。同棲するなら結婚しろ！」。結婚を前提に同棲することがなぜいけないのか、僕には理解できません。同棲して相手のクセみたいなものを理解しておかないと、結婚してもうまくいかないのではないでしょうか。「クセがすごい」場合もあるでしょうし、試されているのはむしろ僕のほう。親父にはわかるだろ？　だってあんたは、バツ三じゃないか……。

（石川県・会社員・27歳）

A

お父さまはあなたさまのこと以上に、お相手の女性のことを気遣っておいでなのでしょう。同棲をして、もしウマくいかずに破談となったら、他所《よそ》さまの大事なお嬢さまを傷モノにすることになりはしないか、と心配なされているのです。

そんなことになったら、同じ子を持つ親としてお相手のご両親に顔向けができない、との真っ当な見識をお持ちなのです。

洋服でも、購入する前に試着して着心地《きごこち》を試します。マンションや家の購入でも、「お試し宿泊」が一般的な購入スタイルになっているご時世です。生涯の伴侶を娶《めと》るのに、相性を試す同棲は賢い選択といえるものです。あなたさまの考えに同意いたします。

試すことのメリットは、あなたさまばかりでなく相手女性にもあります。一緒に住んだ男がいたたまれないほどの酷いイビキかきで一晩中眠れず、百年の恋も一夜にして醒《さ》めて別れた、という知人女性がおります。

手前どもにも同棲の経験がございます。

結婚に至らなかったのは駅弁の相性が悪かったから、ではなく、相手女性がどうにも辛抱できない癖をお持ちになられていたからです。

彼女はどういう体の不具合からでしょう、トイレに入るとお尻から「ハーメルンの笛吹」がごときメロディを奏《かな》でられるのでした。

加えて、トイレのドアを開けられて用を足すのです。その折のニオイが、特異体質なのでしょうか、鼻が曲がるほどに強烈なものでした。

あまりのことに「せめてドアを閉めてできないものか」と願い出ましたら、「子供の頃から閉所恐怖症で、開けたままでなければ用を足せない」と言い張るのです。

結果、お定まりの「愛しているなら我慢できるはず」「お前のほうこそ」の売り言葉に買い言葉の修羅場《しゅらば》を招いて、お別れすることとなったのです。

この「同棲」によって互いを必要以上に傷つけあう危険から免れたことは、貴重な経験でした。後悔はありません。

同棲の有用性は、快楽の充足を経て愛情を確認することにあります。

しかし同棲を重ねたからといって、結婚生活のリスクが完全に払拭《ふっしょく》されるものではありません。いざ結婚生活となりますと、それまでに描いていた風景とは別の風景と出会うことが少なくないからです。

結婚生活には魔物が棲《す》んでいます。同棲生活では出会うことがなかったモンスターが突然、姿を現します。それは互いの親兄弟や職場の仲間や友人、ご近所の人たちとの人間関係であったりします。それまでは考えられなかったようなかかわりを求められ、足をすくわれることにもしばしば遭遇します。

同棲生活はそうした存在の有無をうかがいながら、互いがどんな時でも手を携《たずさ》えて味方であり続けることができるかを確認するチャンスとなります。

また、不可抗力ともいえる病気や事故や貧困の不運に見舞われる時もやってきます。はたして、そんな逆境にあっても敵前逃亡することなく闘いに挑戦する同志でありえるか、を見定める季節でもあるのです。

お父さまには、こうした合理的な考えに基づいての同棲生活であることを訴えられて、やりたいばっかりのふしだらな心ゆえなのでは、との誤解を解かれるべきです。

生まれも育ちも別で、性質の違う二人が末永くまじり合う呼吸を整える道場としての同棲を経て、「一緒に暮らす相手を決して変えようとしてはならない」との「結婚の諦《てい》観《かん》」を全《まっと》うするのが「人間だもの」でございます。

還暦を過ぎた母が離婚を決意

Q

「お父さんと離婚したい」。人生には「上り坂」「下り坂」「まさか」の三つの坂があると言われています。先日の母からの告白は「まさか」でした。還暦を過ぎていまさら離婚しなくても……。亭主関白である父への不満はあったでしょう、いくつも。でも、いつも一歩下がって父を立てる母は、私の理想の母でした。私も母のような女になりたいと思っていたのに。母を自由にさせてあげたい。ですが、残された父のことを思うと不憫《ふびん》でなりません。二人の娘として私にできることはあるのでしょうか。

（宮城県・主婦・33歳）

A

お母さまは決して、ご自分の胸の内を見せることがない、昭和の時代の躾《しつけ》を身につけられてきた女性なのでしょう。

外に言葉を出すことが不得意な分だけ、長い間、不平不満を心の奥に溜《た》めてこられたに違いありません。できることなら娘に心配をかけたくない、との母心をもってしても、もはや限界なのでしょう。

お母さまとはいえ、切れば赤い血が出る生身の人間でございます。女は灰になるまで、といいます。還暦を過ぎたからといって、新しい「イキ方」を望まれても何も不思議ではございません。

こちら立てればあちら立たず、となるのであれば、ここは社会的弱者のお母さまに寄り添ってあげてほしい、と思うのです。

最愛の娘に許されたことで、どれほどお母さまは励まされ、救われるかしれません。ご両親の離婚は子供のあなたさまにとって、片腕をもぎ取られるような喪失感を覚えられることでしょう。

が、たとえご両親が離婚なされても、あなたさまにとっていままでどおりの父であり、母であることに変わりはありません。あなたさまの軸がぶれることがなければ、これからのご両親とのそれぞれの「親と子」のトライアングルの関係に大きな影響を及ぼすことはありません。

あなたさまは裁判官ではありません。

どちらが悪い、良いに加担することなく、ご両親にとって「親思いの娘」であればよいことです。お母さま一人が犠牲になられて嘆かれているいまより、離婚でよほど好ましい状況が生まれることになるのではないでしょうか。

「結婚へは歩け、離婚へは走れ」との格言がございます。

そうと決められたら一日も早く離婚を進められ、スッキリなされるのが宜《よろ》しいかと存じます。その前にもう一度、お母さまにどうして離婚をなさりたいのか、率直にお尋ねください。お母さまの心の内の苦しみを正確に把握なされたうえで、可能であればその「真実」をお父さまにあなたさまからお伝えなされてほしいのです。

お父さまがどのような反応をなされるかによりますが、もし「そこまで追い詰めていたとは知らなかった、俺が悪かった」と許しを求められることがあれば、復縁も可能なような気がします。

恥ずかしながら、手前どもにも言われて初めて自分の汚点に気づき、皮一枚で離婚を回避できた経験がございます。

きっかけは些細《ささい》な口喧嘩でした。

いつになく激高《げっこう》した女房ドノが、目の前でそれまで長く伸ばしていた髪をハサミでバッサリ、四十センチほど切り落としたのでございます。

「あなたをもう許さない。私が自分の実家で出産した時の出産費用をあなたは送る、送ると言っていながらとうとう送ってこなかった。どれほど両親の前で恥をかいたかしれない。あの時の悔しさは一生忘れない、あなたと別れる」と離婚の宣言を受けたのです。

出産から十五年以上も経っていました。青天《せいてん》の霹靂《へきれき》です。しかし女房ドノは、昨日のことのようにメラメラと復讐心《ふくしゅうしん》を燃えたぎらせていたのです。土下座をして明け方近く、ようやく許しを得て今日に至っています。

一人前の大人が、それも夫であった男が「悪かった」と頭を下げて謝るならば、添い遂げた妻の大概の怒りは収めることができるものです。

人間はそれぞれが、「自分の選んだ道」を歩いています。しかし途中で道を間違ったことを知れば、いくらでも別の道を歩むことができるのが「人間だもの」でございます。

私と仕事、どっちが大事なの？

Q

彼女の三十歳の誕生日。二人で旅行に行く予定だったのですが、急に大事な仕事が入ってしまい直前でキャンセルに。「大丈夫、気にしないで。仕事頑張って！」という彼女を選んだつもりなのですが、今回の彼女もやはり「ブルータス、おまえもか」でした。「私と仕事、どっちが大事なの？」と激怒。私もベテランですから、グッとこらえて「どちらも同じくらい大事だよ」とやさしく彼女の肩を引き寄せました。だのに、なぜ、手を振り払う？　君の旅行代金だって、俺が仕事で稼いだ金だろう⁇　村西さん、正解を我に与えたまえ！

（埼玉県・会社員・36歳）

A

「どちらも同じくらい大事だよ」は、責任ある仕事を抱えている男にとっては当然の答えでございます。

男にとって仕事は命です。その命と同じくらい君が大事だ、と申されたのは、彼女への何よりの決意表明であったはずでございます。

しかしながら、相手女性は仕事より君が大事だ、との言葉を欲しがられておられました。「命より君が大事だ」の心でございます。

手前どもの知人に、金貸しを業としている男がいます。

ある時、極道の方と諍《いさか》いになって浜辺に運ばれ、スコップで穴を掘らされました。自分の掘った穴に入って成仏《じょうぶつ》しろ、の仕置きです。極道はこの世の名残《なごり》にもう一度と、「金が大事か、命が大事か」と問いかけました。

友人は「金が大事」と答えたといいます。命あってのモノダネでございますのに、何たる奴かと流石《さすが》の極道を呆れさせ、命拾いをいたしました。

彼女は、この金貸し男の金への妄執《もうしゅう》がごとき「命より金より君が大事」をあなたさまに求められているのでございます。どんな時でも君を最優先にして生きる、という「男の約束」でございます。

理不尽な、と考えてはいけません。理不尽を罷《まか》り通らせて、女性は愛されていることを確信するのです。彼女の肉体を貪《むさぼ》るだけ貪ったからもう知り尽くした、との浅はかな思い上がりを持たれてはおられませんか。肉体関係で見せた阿鼻叫喚《あびきようかん》など、女性の化けの皮の一枚にしかすぎない、との認知に欠けています。

「君の旅行代金だって、俺が仕事で稼いだカネだろう」との捨て台詞《ぜりふ》をご用意されているようですが、およしなさい。彼女からすれば、そんな器量は言わずもがなの当たり前のこと、の感覚でございます。

好きな女性を旅行の一つにも連れて行くことができずに、よくも私のパンティに手をかけられたもの、との辱《はずかし》めを受けることになります。

これから馬車馬《ばしやうま》のように働いて家族を養い、家のローンを払い、子供を育てて大学を卒業させなければいけない身でありながら、旅行代金ごときで何を寝ぼけたことを、の嘲《あざけ》りを受けるのがオチでございます。

彼女の「男の甲斐性《かいしよう》」への評価基準は、その能力に応じてなされるものではありません。女友達や親戚や町内会の夫婦と比べて相対的になされるものです。僕には僕のスタイル、わが道を往《ゆ》く、は通用しないのです。

もし結婚となった暁《あかつき》のこれから先はいつも、他の夫婦は、他のご主人は、と誰彼《だれかれ》と比べられて容赦のない叱咤《しった》を受けることになるのです。

世の男たちは等しくこうした天秤《てんびん》にかけられ、生きています。手前どもは日常的に女房ドノから、この相対的比較による「愛のムチ」を受けております。

「私もやるだけのことをやっているんだから、あなたも男らしく他の家のご主人と同じようにやるべき義務を果たして頂戴」の捨て台詞でございます。女房ドノの「私もやるだけのことはやっている」は一日一回の手料理となる、ゴハンと味噌汁と卵焼きの三百六十五日変わらぬメニューの朝食を作ることでございます。

義務を果たせ、とは週一の「オツトメ」を週二に変更しろ、ということではございません。月に一着は新しい洋服を買い与え、旅行に連れて行き、誕生日にはブランドバッグを買い与える夢物語を現実のものとしろ、という厳命です。

彼女に何と答えたらよかったかのご質問には、生憎《あいにく》ですが「ごめんなさい」の言葉以外、見つかりません。

身を捨ててこそ浮かぶ瀬があるのが「人間だもの」でございます。

私は「AV関白」な男でしょうか

Q

生身の人間をまだ愛したことがありません。私が愛してやまないのは画面の向こう側にいる、麗《うるわ》しきAV女優たち。なにかこう、モノホンのエロスというか、なにかこう、ごめんなさい。結論を先に言いますと、借金返済のためにAVに出演した某タレントが許せません。「借金返済」のようなバックボーンがあると、なにかこう、感情移入できないのです。健康のために朝から納豆を食べてきましたみたいな、なにかこう、そういうのは必要ありません。私は「AV関白」な男なのでしょうか。

（富山県・会社員・38歳）

A

某タレントが借金返済のためにAVに出演した、というサイドストーリーが、ロマンティストで潔癖症のあなたさまにはお気に召さないようでございます。女工哀史《じょこうあいし》の哀れな世界で身を売っているがごときに感じられて感情移入ができない、と嫌悪《けんお》なされてのお気持ち、理解できます。

ただ業界人の一人として申し上げれば、芸能人であれAV女優であれ、経済的な見返りがあってこそ成り立つお仕事でありますれば、その動機が金銭を得ることであっても、AV女優さまだけが「オゾましい」と言われる謂《い》われはないと考えます。

加えて申し上げれば、お金になるからなんでもやる、といって罷《まか》り通るほどAVというお仕事は甘くはないのでございます。

AV女優になるには、数多くの「スグレモノ」を備えていなければなりません。顔や体や頭が並外れて良いことはもちろん、心も雅《みやび》やかに磨かれていなければ駄目、でございます。映像は嘘をつかないからです。

そのうえ、性感は極めて敏感で、足の付け根の具合には「極上の手ごたえ」が求められています。三拍子どころか五拍子、の水準以上のものが備わっていることが必須で、そんじょそこらのタレントではとても務まらないのがAV女優というお仕事です。

一千人に一人の狭き門、と言われる所以《ゆえん》です。

こうした難関をくぐり抜けなければAV女優になれないことは、すでに数百本の作品を鑑賞済みであるAV志願の女性のほうがよくご存じです。

アイドルやテレビタレントのように、身につけられたコスチュームで誤魔化《ごまか》すわけにはいかず、素っ裸で勝負しなければいけないAVというお仕事は、よほどの自信家でなければできない職業です。

事の真贋《しんがん》は定かではありませんが、たとえ某タレントのAV出演の選択が借金返済のためであったとしても、その裏にある彼女の並々ならぬ自分自身への自信を汲《く》み取ってあげていただきたいと願うのです。

ともすればAV出演というと、〝陰々滅々《いんいんめつめつ》として夢破れ、身を堕《お》とした〟との挫折のイメージを描きがちですが、実際は違います。

出演する彼女たちからは、そうした悲壮感を感じることはありません。ようやくにして自分に合った仕事に巡り合ったとの勇躍するヤル気が伝わってきます。もはやAVは、誰かのために自己犠牲を強《し》いられている「閉ざされた社会」ではありません。

AVは女性の人権侵害とのお題目を唱えている人たちは信じたくないことかもしれま

せんが、「イタしたくて仕方がない」とAV出演を希望してくる女性があとを絶たない、健全なSEXを貪欲《どんよく》に楽しむ女性たちで溢《あふ》れている職場でもあるのです。

AVを邪悪で危険な輩《やから》が棲《す》む世界と考え、女性を貶《おとし》め、暴力的で倒錯《とうさく》した性犯罪を引き起こす根源として捉《とら》えることは、女性自身の自立したセクシャリティを否定することです。女性もSEXを空想し、夢を見るのです。いやらしい、淫《みだ》らで衝撃的な、めくるめく空想です。

エロティックな3Pの映像や近親相姦《きんしんそうかん》の〝地獄華〟のAVで性的興奮を覚える女性がたくさんいます。スマホやPCで有料AVサイトにアクセスしているのは、七割が女性と言われています。

女性の性は、愛情行為を求め、高潔で正しい欲望であるとの考えは、横暴かつ誤った論理に立脚しています。

女性の多様な性を正しく受け止め、かけがえのない人生の、AV鑑賞の豊潤《ほうじゅん》な刻《とき》を過ごされてこそ、「人間だもの」でございます。

サプライズプロポーズだったのに

Q

今日のために準備を重ねてきました。だって、一生に一度のことですから。佐賀から上京し十年。ようやくこの日が来たのです。フランス料理のフルコースを食べ、一流ホテルに宿泊。東京の夜景を見ながら、「僕と結婚をしてください」。長い、長い、沈黙でした。そらそうでしょう、二年も付き合っていながら結婚の「け」の字も匂わせたことがないのですから——。「ごめんなさい。結婚はムリ！」。彼女は去っていきました。もう少し悩んでもよかろうもん。わたくし、佐賀に帰ったほうがよかでしょうか。

（東京都・会社員・33歳）

A

二年間「お突き合い」をなされていた彼女とあなたさまの価値観はズレられていたようです。煙が立ち上《のぼ》るほどに舐《な》め上げて、四畳半の窓ガラスのことごとくを曇りガラスにせしめたのは何のためであったのか、の喪失感をよく理解できます。SEXイコール結婚、と思い込まれていたあなたさまに対し、彼女は愛しているからという理由だけで結婚するのは前世紀の思考だ、との考えの持ち主でした。あなたさまに股を開かれたのは捧げるためだったのではなく、調べるためであったのです。

そのうえで結婚の対象に足りる経済力、性力の甲斐性《かいしょう》があなたさまには備わっていなかった、と判断なされたのです。赤っ恥をかかされた、と憤《いきどお》ることは早計です。墓場に行く前に相性が悪いことを知ったのはラッキーであった、と理解すべきです。

女性が経済的自立を許されていない時代では、「誰でもいいから来るもの拒まず」でございました。女性が経済的自立を獲得した今日では、望まない結婚で自分を犠牲にしたくない、というお立場です。

ひと昔前までは、女性のパンティに手をかけた時、

「明日、両親に会ってくれる？」

「必ず籍を入れるのね」

との約束を迫られたものでございますが、いま頃では「両親に会いに行く」「籍を入れる」などと宣《のたま》おうものなら、下げかかったパンティを引きズリ戻され、ベッドに置き去りにされる有り様となります。

「愛とSEXは別勘定なのだから、一緒にお会計しようとしないで」の恋愛観です。もはや女性たちの頭のなかには、ただ一つの幸福の運命は結婚による「永久就職」などとの言葉はないのです。結婚は、自分の自由で幸せな人生を送るうえでの一つの選択肢にしか過ぎない、と思われているのです。

フランス人男性と結婚した知人女性がいます。

彼女の容姿は十人並とは言えないものでした。そのことは本人がよく承知していました。そこで彼女は、将来フランス人男性と結婚して子供を産み、それまで受けてきた屈辱を晴らそうと望みました。

大学時代は、目的を果たすために他の学業をソッチのけでフランス語を熱心に勉強し、卒業と同時にフランスに渡りました。

しばらくして、アルバイト先の料理店の料理人のフランス人と恋愛結婚しました。やがて、念願だったハーフの可愛い女の子を授かったのです。

現在、彼女は幼な子と一緒に日本で生活をしています。子供を引き連れ、かつて自分を見下していた女友達から「まあ、可愛い」との称賛の声を浴びることに生き甲斐を見《み》出《いだ》しています。

リベンジを果たした彼女は、フランスで別居生活を送っているフランス人のご亭主とは「もともと好きで結婚したんじゃないから、いつ別れてもいいの」との、赤穂《あこう》浪士が本懐を遂げたごときの心情を吐露されておるのでございます。

女性が結婚に何を求められているか、の詮索《せんさく》は野暮というものです。ここは女性はどうであれ、ご自身の美学に忠実に生きられるべきです。

女性と「お突き合い」を始められる前に、「結婚を前提としてしか僕はSEXをしませんよ」と宣言なされてください。逆にそのことによって、「正直な男性」との誠実さを優先する女性に好まれることになりましょう。

すったもんだの挙句に「お金やSEXではなく、大切なのはその人が好きだということ」との足元を照らす灯りに導かれて、結婚という港に辿り着くのが「人間だもの」でございます。

「妊娠しちゃった」と不倫相手

Q

♪別れはいつもついてくる。頭のなかで中島みゆきの曲が流れています。「妊娠しちゃった」と不倫相手から告げられた日からずっと。子どもは欲しかった。妻との間には子どもはできませんでしたので。ですが、正直申せばパニック。「自分ひとりで育てるから」と彼女は言います。私はなんて言えばいいのでしょうか。バカな奴だとお笑いください。妻に正直に言って養子に――それが一番いい道ではないか。♪幸せのうしろをついてくる。中島みゆきの曲が私の頭から離れません……。

（東京都・会社員・48歳）

A

やらかしてしまわれたのですね。パニックとは、なんと重宝な言葉でございましょう。本当にパニックなのは、子供ができてしまった不倫相手の女性でございましょうに。本心ではずっと欲しいと思っておられたのですから、素直にお喜びになられればよろしいのではないでしょうか。

不倫相手の女性は、自分が育てられると申されておられます。なんと健気《けなげ》な心の持ち主なのでしょう。きっと、ステキなお母さまになられるに違いありません。心から祝福なされてください。

あなたさまは会社員とのこと、二つの家庭を支えていく経済力はおありにならないでしょう。精神的サポートのほうを抜かりなくお願いします。

不倫相手の女性は「自分が育てる」との決意を述べておられますので、いささかの蓄えや経済力はおありなのでしょう。母と子の生活は困難が予想されますが、女性の底力を信じています。

男は、いざとなった時の女性の強さには敵《かな》いません。

十カ月の歳月を耐えに耐え、命を懸けて出産する我慢強さと比べれば、理屈ばかり達者な男などとても勝ち目がないことは明らかです。これからの人生、邪魔にならぬよう、母と子の暮らしを懸命にサポートなされることに徹してください。

馬鹿正直に生きることで得るものとは何でしょうか。

奥様に、他の女との間に子供ができたなんて、口が裂けても言ってはいけません。逆に、あなたさまが奥様から他の男との間に子供ができた、と知らされたらどんな気持ちになるか考えてみてください。

たとえそうしたことがあったとしても、知らされてプラスになることなど一つもないのです。奥様のこれまで一番感じた相手や男性経験の数、３Ｐの体験と同じように「知らぬが仏」なのです。

「こんなの初めて」「いままでで一番」の目の前の痴語《ちご》を真実として受け止め、昇天していれば、これにすぐる幸せはないのです。

正直に言えばスッキリする、は自分勝手なエゴイストの言い分です。

たとえば、人間はどんなに病状が深刻な時でも、心の隅ではきっと良くなる、と望みを捨てずに病気と闘っています。そうした、決して絶望することのない「明日を信じる力」こそ、人間に与えられた優れた能力です。

それを自らの保身のために、当節流行の「余命を告知する」傲慢《ごうまん》な医師がいます。よくもそんな残酷なことを言えるものだ、と呆れるばかりです。本人は正直であることが医者としての良心だ、と嘯《うそぶ》いて恥じ入ることがありません。

馬鹿正直というより、患者を奈落《ならく》の底に突き落として自己満足をしているサディストの人でなしにすぎません。どうして希望のうちにあの世に送ってあげることができないのか、と腹立たしく思われます。

同じような馬鹿正直の囚《とら》われ人となって、幸福な結婚生活に波風を立てるような振舞いは厳に慎《つつし》んでください。奥様に罰せられるのは、あの世に行ってからでも遅くはありません。

また、養子に、などの世迷《よま》いゴトを口にされていますが、不倫相手の女性が命と引きかえに産んだだわが子を容易に手放すと思われておいでてでしょうか。

あなたさまのこれからの人生が不幸に見舞われるとしたら、相手がどうしたら幸福か、の思い遣《や》りの心を失った時です。

相手を思い遣る心を見失うことがなければ、どんな苦境も乗り越えることができるのが「人間だもの」でございます。

僕もすべてを棄てて出家したい

Q

サラリーマンはクソです。クソじゃなければなんでしょうか。仕事の愚痴、その合間に芸能人ネタ。僕はほとほと疲れているんだ、この社会に。最近の芸能人ネタと言えば、ある新興宗教に出家したあの女優。「洗脳って怖いよね」だって。お前たちみたいな軽薄な人間になにがわかる？　僕には彼女の気持ちがよくわかるんだ。クソな連中といるよりも、宗教の門を叩いたほうがはるかに高尚《こうしょう》。僕もすべてを棄《す》てて出家したい。逃げているんじゃない。高尚な道へ進みたいだけなのです。

（岐阜県・会社員・27歳）

A

人生では、突如として不条理と思える不幸に見舞われることがあります。自業自得であればまだしも、突然襲ってくる病気や家族の不幸、信じていた人間の裏切りにあうと、手をあわせて神様に祈りを捧げること以外に道がなくなるのです。

これまでの人生で神様に助けてください、と何度お祈りをしたか数えきれません。苦しい時の神頼み、はあなたさまだけではないのです。

しかし、水に溺れたくないからとマラソンに励んでも仕方がありません。溺れるのが嫌であれば、プールのなかで泳ぐ方法を身につけるしかないのです。

女性から「あなたが最高」の賛辞を賜《たまわ》るために、宗教に嵌《は》まられて出家し、「手かざし」でソレを言わしめる実力を身につけようとするがごとき考えは「浮世離れ」しすぎています。俗世界の悩みは俗世界で解決するしか道はないのです。

あるとき、街角で後ろから肩を叩かれました。振り向くと、袈裟《けさ》を身に着けられた三十代と思《おぼ》しきお坊さんが立っていました。

お坊さんは、

「私は制御することができない己の性欲に翻弄《ほんろう》され、自分はなんという忌《いま》わしいケダモノだ、と自己嫌悪《けんお》に陥《おちい》り、悔い改めるために出家しました。

出家してから監督のＡＶ作品を見る機会がありました。性を楽しく明るく描かれている監督の作品を見て、それまで性を悍《おぞ》ましいものと捉《とら》えていた自分の思い込みが間違っていたことを悟ったのです。

あと五年早く監督の作品と出会えたら、きっと私は出家しなかったと思います」と語られ、「いずれ数年のうちに俗世へ還《かえ》って修行をやり直します」と「合掌」をなされて立ち去られました。

お坊さんのみならず、誰とて人間は社会的な存在です。

自分は何者であるかを知るのに、宗教の砦《とりで》に引きこもっていては何も知ることはできません。社会生活の営みのなかで、他人を合わせ鏡にして〝自分とは何者か〟を探し当てることができるのです。

出家という「宇宙空間」に漂《ただよ》っていては、自分とは誰であるか、の人生を生きる意味さえ見失ってしまうのではないでしょうか。

ふりかかる火の粉《こ》を自らの手で払う勇気を手放してほしくありません。

霊力を説《と》く宗教に嵌まられた話題の女優さまの件ですが、僭越《せんえつ》ながらロクデナシと受け止めています。人間は死ねば皆等しく、永遠の命を授かります。永遠の命とは恩讐《おんしゅう》を越えて存在し、怨念《おんねん》や復讐《ふくしゅう》とは無縁なものです。

このことを親鸞《しんらん》は、「死んでしまえば悪人も善人も皆同じように成仏し救われる」と説かれました。喜怒哀楽の感情を昇華した霊は、俗世のことで悩み苦しむことは何もないのです。そうしたことを超越しているから霊なのです。

人生では承知しなければならないことがいくつかあります。自分の背中や死んだあとの自分の姿、死後の霊を見ることはできないということです。

こうした真実を直視せずに「出家」の「おとぎ話」に酔っていては、風雪に耐え忍ぶ野草の強靭《きょうじん》さを身につけることは叶わず、「ひ弱な花」で生涯を終えることになりましょう。

ありえないことをあたかもあるがごとくに言いふらして、ゼニ儲けに繋げようとは詐《さ》話《わ》師《し》の手法です。宗教にかかわってできることは、感謝の祈りを捧げることだけです。

天の咎《とが》め、赦《ゆる》し、憐《あわ》れみ、の大いなる心に抱かれて、安息のうちに生きるのが「人間だもの」でございます。

Q これをもって夜の営みは終了です

恥ずかしい。その扉を破って爆発させるのが私の好みなのです。数年前まで妻には恥じらいがありました。電気消して、という恥じらいが。しかし、今ではどうでしょう。風呂上がりにバスタオルを頭に巻いて、胸も尻も隠さずリビングに。冷蔵庫を開けて、ビールをグビグビ。「はよ、脱いで」から、「はよ、はいて」になろうとは……。妻との夜の営みは終了。代わりに、AV鑑賞耽溺《たんでき》の日々がスタート。これでほんまにええのでしょうか？

（大阪府・会社員・35歳）

A

ＡＶ鑑賞は本来、夫婦の夜の営みに新たな技や視点を届けて、さらなる性生活のエクスタシーに貢献するものであるにもかかわらず、あなたさまのせっかくのＡＶ鑑賞耽溺の日々が自傷行為となっているがごとき兆《きざ》しを、軌道修正させていただきたく存じます。

エロティシズムとは、心理的要素に左右される人間特有の性的活動です。男性が女性に欲望を感じることで大きな役割を果たす人間の器官は、嗅覚《きゆうかく》でもなく、触覚でもなく、聴覚でもなく、視覚でございます。

この「視る刺激」によって想像力が激しく刺激されて興奮し、「ボッキ」に至ります。人間の性的欲望は、生殖行為から独立した脳の働きによる想像力のなかに存在します。「ボッキ」は想像力次第で何とでもなる、ということです。

このことの真贋《しんがん》は、ＳＥＸをお仕事としているＡＶ男優の「ボッキ」のあり様で確かめることができます。一流のＡＶ男優は、眼前の相手役のＡＶ女優にとらわれることはありません。撮影の現場では監督やスタッフの存在さえ、意識から消しています。

ＡＶ男優が見ているものは、己のエクスタシーポイントです。それはこれまで最もエキサイティングだったＳＥＸのシーンや、初恋の人やお気に入りのエロ小説の名場面であったりと様々ですが、そのことを考えるだけで「ボッキ」する「パブロフの犬の唾液《ヨダレ》のスイッチ」を持っているのです。

ですから共演するAV女優が嫌いなタイプであったり、監督から心ない叱責《しっせき》を浴びたとしても、「ボッキ」は揺らぐことはありません。見ざる、聞かざる、言わざるの「三《さん》猿《えん》」の真空状態に心が浮遊しているからです。

このAV男優の精神のあり様を、AV男優になったつもりで取り入れていただきたいのです。あなたさまのお好みのAVのクライマックスから十八番《おはこ》のシーンをいくつか棚卸しなされて、「ボッキ」を喚起していただきたいのです。

心技一体、などと古武道の極意のようなことを望まれているようでございますが、心得違いでございます。

奥方とて、あなたさまに抱かれていても、憧れのスターを頭に浮かべていることなどは日常のことだからです。あなたさまだって、これまで頭のなかで好みのタイプのアイドルの誰彼《だれかれ》を思い描いて奥方と交わったことがどれほどあったでしょうか。何を今更、でございます。

あなたさまの奥方への不能は絶対的なものではなく、相対的不能というべきもので、想像の力で相手を変えることができればいくらでも張り切れるものなのでございます。

あなたさまに求められていることは、企業の業績と同じく、結果でございます。

奥方はあなたさまに「ボッキ」の結果をお望みなのです。その手段は早朝マラソンであれ、酢ニンニク、スッポン、マムシの精の食であれ、大好きなAV映像であれ、方法は問わないのでございます。

あなたさまの「ボッキ」が何によってもたらされたものであろうと知ったことではなく、エクスタシーの満足を与えてくれるご亭主であれば、奥方はそれでよいのでございます。

あらゆるお稽古ごとは形から入ります。形が出来上がって、そのあとに魂が入り、心技一体の芸が極まるのでございます。

まさしくSEXをお稽古ごとの修業と考え、形から入ることでございます。

「ボッキ」の形を整えるには想像力を鍛えること以外にないのが「人間だもの」でございます。

焼酎なのに自慢話が多すぎる男

Q

銀座のホステスになり「女帝」になることを夢見ていたのですが、夢叶わず、場末《ばすえ》のスナックのママに。しかも、雇われママです。批判覚悟で言いますが、十万円のシャンパンを入れてくれるなら、五十回も六十回も同じ話をされても我慢はできる。でも、四千円の麦焼酎なら五回が限度。芋焼酎なら六回まで。それが相場だと思いませんか。常連さんなので邪険《じゃけん》にしたくはないのですが、麦をちびちび飲んで、同じ自慢話を五十回も六十回もされたんでは、完全に貧乏クジでしょ！

（東京都・スナックママ・38歳）

A

知り合いに、七十歳を超えても現役のスナックのママがいます。

派手なスパンコールのドレスを着て、夜毎《よごと》、お店のカウンターのなかに立たれています。カウンターのなかには、他にご亭主のバーテンダーだけのスナックですが、いつ訪れても、店内は常連客で千客万来の賑《にぎ》わいをみせています。

ある時、商売繁盛の秘訣を伺いましたら、ママは即座に「誉めることね」と答えました。お客がマイクを握って歌い始めると、ママは「上手よ」「素敵よ」「しびれちゃう」の誉め言葉を連発なされます。お世辞にも「上手よ」などとはとても言えないオンチな歌声に対して、です。

まさしく、あたり構わず「誉め殺し」の価値紊乱《びんらん》者の所業ですが、ママは心から歌声に心酔している風で、聞くに堪《た》えない歌声の持ち主にも称賛の声を惜しまないのです。あろうことか、そのダミ声の持ち主に「もう一曲、歌ってほしいわ」とおねだりをする有り様です。

ママはこうした、他の客にとってはハタ迷惑な振る舞いを、次のように解説しています。

「お店に来てくださるお客さまは寂しいのよ。朝から晩まで死にもの狂いで働いて、家族を養い、子供を育ててきて、ふと自分の人生はなんだったんだろう、と虚《むな》しく思われてたまらなくなるの。

その心の憂さを晴らしにお店にやって来るのよ。だから、誰も褒めない代わりに私が目いっぱい褒めてあげるの。あなたはたいしたもんだ、立派だ、ってね。

お客さまは家ではいくら懸命に働いて尽くしても、家族に当たり前のように扱われ、会社では叱られるばっかりで、誰にも認めてもらえず、心のやり場を失って孤独なのよ。褒められることに飢えているの。ヘタでもなんでもいい、歌う歌ぐらい私一人が褒めてあげなくちゃ可哀そうじゃない」

傍《そば》に「別れていない亭主」とお店で紹介されている、一回り年下のマスターが深く頷《うなず》く姿がございました。

あなたさまの水商売のお仕事は、単に酒を売ることではありません。ただ酒を飲むなら、コンビニで安い酒を買い求めてあおればいいだけのことです。

水商売に従事している人間の役割は、日本の経済を担《にな》う労働者の皆さまに、明日の労働力再生産の憩《いこ》いの場を提供することにあります。お客さまがわざわざあなたさまのお店に来られるのは、日頃の鬱憤《うっぷん》をぶちまけて、エネルギーの充電を図るためです。

酒の名を借りて心の渇きを満たしてほしい、疲れた心をもみほぐしてほしい、と望まれているのです。

コンビニでは、百円のガムを買ったお客にも「ありがとうございます」と頭を下げます。その何十倍、何百倍ものお金を使ってくださるお客さまの求めに応じて、愚痴に耳をすませ、癒しのマッサージを施《ほどこ》して差し上げることなど、なにほどのことでありましょうか。

水商売はお客さまとのキャッチボールです。

夜の巷《ちまた》の店を覗《のぞ》いてみてください。あなたさまの店に限らず、そこではこれまで何十回も性懲《しょうこ》りもなく繰り返されてきた学歴、仕事、恋愛、女房、子供等の自慢話のボールを受け取る、同業者の真摯《しんし》な捕球の姿を目撃することができます。

五十回も六十回も同じ話をされるのは苦痛とのことですが、お客さまは毎日毎日、何千回もの嫌な思いを克服されているのです。

SEXと同じように、相手をいい気分にさせたあとで、ようやく自分も喜ぶことができるのが「人間だもの」でございます。

セクハラ上司をぶん殴りたい

Q

「距離が近い！」セクハラ上司がいます。震度一の地震でキッスになる可能性があるほどの距離の近さ。背後から忍びより、肩に手をおいて「どうだい、元気か？」と日に何度も言ってくるのです。「ええ、まあ」と答えるのですが、「どうした？　男にフラれたか。ハハハハハ」と言って尻をポンとたたく。まあここまでがワンセット。「生理か」の時もあれば「俺が抱いてやろうか」の時もあります。一発ぶん殴ってやりたい。ですが、力のある上司ですので、そんなことをすればクビになるかも。

（大阪府・ＯＬ・30歳）

A

セクハラは甲斐性《かいしょう》、と考えているオメデタイ上司がまだいるのでございますね。この頃では大分少なくなったとはいえ、不届き者は依然として浜の真砂《まさご》状態のようでございます。

電車の車内で、見ず知らずの女性の体を触っただけで一生を棒に振るほどに追い込まれるというご時世でございますのに、やりたい放題で王侯貴族のごとき振る舞いを続けるセクハラ上司が野放しにされているなんて、獲物にされているあなたさまがお気の毒でなりません。

この手のセクハラ上司のタチの悪いのは、自らの「穢《けが》れた手や口」に対する反省がなく、勝手な言い分で自己正当化していることです。

曰《いわ》く、「職場では人間関係がすべてだから、潤滑油のためにと胸襟《きょうきん》を開いて冗談を言っているだけだ」

「君の優しい人間性を皆に知らせるために、ワザワザ私が犠牲になってピエロを演じているだけ」

「誰よりも君を信頼しているから、依怙贔屓《えこひいき》をしているんだよ」

よくもそんな人でなしの言いぐさを、と呆れるばかりのことを平気で口にするのでございます。

しかし、ここで心得ておかなければならないのは、人は自分がどんなに間違っていても決して自分は悪くない、との理屈のうえに立っている生き物だということです。

手前どもも、イヤなヤツに体を触られた経験があります。サウナでのことです。休憩室で横になって休んでいると、股間にモゾモゾとする気配を感じました。見ると、若い男が手前どものイチモツを咥《くわ》えてシャブっているのでございます。

そして悲しいことに、〝親の心子知らず〟で、わが愚息《ぐそく》は直立していたのでした。「何をするんだ」と男を叱責《しっせき》いたしますと、野郎は「だって……好きなんですもの…」と自分勝手な能書きを宣《のたま》ったものでございます。

好きも嫌いもあったものではありません。なにせ、一度も言葉を交《か》わしたことがない相手なのです。顔面を足蹴《あしげ》にして、咥えたモノを吐き出させました。そして浴場に行き、口淫《こういん》によって穢された愚息を洗っておりますと、件《くだん》の青年が背後に回り、「お詫びに背中を流させて」と言うのでした。

「人を裁くな、人の裁きを受けるのが嫌なら」と申します。ここは慈悲の心を持って、背中を流させました。すると、尻に何かが当たるのです。振り向いてみると、青年はボッキさせたソレを手前どもの尻にコスりつけていたのです。

あまりの性懲《しょうこ》りのなさに我慢も限界となって、その場で張り倒してやりました。と、青年はまたしても「好きなんですもの」と叫んだものでございます。

事ほど左様に、こうした自堕落《じだらく》で自分勝手な性癖の持ち主は、よほど痛い目に遭わなければ悔い改めることはありません。さすれば断固として行動することをお奨めします。

上司といえども宮仕《みやづか》えの身です。

これ以上ご乱行が過ぎると、経営幹部に訴えることを通告なさってはいかがでしょうか。また、そのことであなたさまが不利益を被《こうむ》るようなことがあれば、上司の奥さまに事実を打ち明けて、白黒つけることをなされてください。

このダブルパンチを放てば、ノックアウトすることが叶わないまでも、これから「穢れた手や口」を出してこなくなることを請《う》け合います。

私たちは人と争うことの無益さを知っていますが、身に降りかかる火の粉《こ》を敢然として払う勇気を失えば、いずれ焼け焦げてしまうのが「人間だもの」でございます。

旦那よ、稼いでから文句を言え！

Q

「もっと節約してくれ」。旦那の一言に頭にきています。「悔しかったら、私より稼いでみな。このケチやろう！」と叫びたかったのですが、グッとこらえています。家計の六割は私が負担していますし、家族四人で外食するときもすべて私のおごり。「もっと節約してくれ」と言うなら、ついてくるんじゃないよ！　遠慮なしに飲み食いするくせに。なにが、上カルビだ、あんたは普通のカルビで十分だよ、ああ、腹が立つ。文句があるなら、私より稼げるようになってから言ってほしい。

（福井県・ＯＬ・43歳）

郵便はがき

63円切手を お貼り ください

101-0003

東京都千代田区一ツ橋2-4-3
光文恒産ビル2F

(株)飛鳥新社　出版部　読者カード係行

フリガナ ご氏名	性別　男・女 年齢　　歳
フリガナ	
ご住所〒 TEL　(　　)	
お買い上げの書籍タイトル	
ご職業　1.会社員　2.公務員　3.学生　4.自営業　5.教員　6.自由業 7.主婦　8.その他（　　）	
お買い上げのショップ名　所在地	

★ご記入いただいた個人情報は、弊社出版物の資料目的以外で使用することはありません。

このたびは飛鳥新社の本をご購入いただきありがとうございます。

今後の出版物の参考にさせていただきますので、以下の質問にお答え下さい。ご協力よろしくお願いいたします。

■この本を最初に何でお知りになりましたか

1.新聞広告（　　　　　　　新聞）
2.webサイトやSNSを見て（サイト名　　　　　　　　　　　　　　）
3.新聞・雑誌の紹介記事を読んで（紙・誌名　　　　　　　　　　　）
4.TV・ラジオで　5.書店で実物を見て　6.知人にすすめられて
7.その他（　　　　　　　　　　　　　　　　　　　　　　　　　　）

■この本をお買い求めになった動機は何ですか

1.テーマに興味があったので　2.タイトルに惹かれて
3.装丁・帯に惹かれて　4.著者に惹かれて
5.広告・書評に惹かれて　6.その他（　　　　　　　　　　　　　　）

■本書へのご意見・ご感想をお聞かせ下さい

■いまあなたが興味を持たれているテーマや人物をお教え下さい

※あなたのご意見・ご感想を新聞・雑誌広告や小社ホームページ上で
1.掲載してもよい　2.掲載しては困る　3.匿名ならよい

ホームページURL http://www.asukashinsha.co.jp

A

男は他人と比べて自分はどうであるか、をいつも気にしています。そんな男であるご主人さまが、自分より収入の多い妻に負い目を感じられて、八つ当りをされているのです。甲斐性《かいしょう》ナシのクセに、と突き放さないでください。

情けないことに、男は嫉妬《しっと》深い生き物です。女性が嫉妬深いと言われていますが、男の嫉妬はそれどころではありません。男たちは、学歴や閨閥《けいばつ》、職種の違いで差別を受ける不条理な世界に生きています。

そこでは勝った負けたの激しい生存競争が行われていますので、殊《こと》の外《ほか》差別には敏感です。差別されたと感じると、猛烈に嫉妬心を燃やします。差別への敵愾心《てきがいしん》が嫉妬に変わるのです。

このことをご配慮なされて、あなたさまにはまず、ご主人さまの前では質素であることを心がけていただきたいのです。ヘタにきらびやかな生活を見せつけて、傷口に塩を擦《す》り込むような荒療治はおやめください。愛は奪うことでなく与えることである、との基本精神に立ち返っていただきたいのです。

そのうえで、ご主人さまが欲しがられておられる虚栄心を満足させる手段をとっていただきたく存じます。ご主人さまと結婚したことで、どれほど人生が幸福かを口に出して言って差し上げてほしいのです。

褒め言葉は人間にとっての水であり、食物です。渇いたノドや空腹を満たしてあげることに、何の躊躇《ちゅうちょ》がいるでしょうか。

あなたさまは、相手を上機嫌にさせる言葉を言えないような小娘ではないはずです。これまでどれほどの数の「凄《すご》い！」を言って人生の修羅場《しゅらば》を乗り越えてきたかを考えれば、赤子の手を捻《ひね》るがごとく簡単なことでございましょう。

そうした施《ほどこ》しがあればこそ、ご主人さまはスネることなく、あなたさまのやることなすこと、全てを好意的に受け止めるようになるのです。

知人に四十代の肉屋の夫婦がいます。肉屋で飽き足らず、このところ近所に建ったタワーマンションの一階にステーキハウスをオープンさせました。

お店でともに働き、夫婦仲がウマくいっていることが好調の原因ですが、数年前に夫婦の危機がありました。

いまにして思えば馬鹿らしいことですが、夫婦の夜の生活がウマくいかなかったのです。奥方は子供の頃に目撃した犬の交尾の姿にショックを受けて、バックのポーズをどうしても受け入れることができませんでした。

ご亭主は、「愛し合っている夫婦なら当然なことをどうしてできない」とヘソを曲げて夫婦の仲に軋《きし》みが走ったのです。奥方は、特にバックの時に結合部を見られるのがなんとしてもイヤな潔癖症でした。

しかしご亭主の執拗《しつよう》な懇願に負けて、部屋を真っ暗にすることで受け入れることにしたのです。実際にイタしていると、手に隠したスマホの光が結合部を照らしている気配がしました。しかし、ここで騒いだらご亭主のプライドを傷つけると思い、我慢しました。

このことがあって、ご亭主は自分の愛を受け入れてくれた奥方に感謝し、それまで以上に商売に力を入れるようになって現在の成功を手にした、という次第です。

モノを多く所有したり、贅沢《ぜいたく》を手に入れれば夫婦は幸せになるというものではありません。

夫婦互いに仲良くしようと努力し、譲り合い、認め合い、妬《ねた》まず、自慢せず、批判せずの心があって、円満であることができるのが「人間だもの」でございます。

あんた、ロックな生き方はやめて

Q

転職して一カ月。夫が「仕事を辞めたい」と言って困っています。理由は「上司とウマくいかない」から。あんたの好きなようにしなさいと言ってあげたいのですが、うちには子どもが三人おり、下の子はまだ産まれたばかり。給与などの待遇もいいし、子どもが大きくなるまで辛抱してほしいというのが本音です。でも反対すると彼はこう言うでしょう、きっと。「そんな生き方ロックじゃない」と。ロックじゃなくていいのよ、あんた。

（東京都・主婦・37歳）

A

かつて二十八歳の女性が、幼い男の子の手を引いてやって来ました。AVに出演したい、とのご希望です。

アパートの家賃を支払うため、との理由です。もう数カ月も滞納が続いたために、今日の午後三時までに家賃の一部を振り込まなければ大家さんに追い出されてしまう、という切羽詰《せっぱつ》まった事情を抱えておられました。アパートにはもう一人、癌を患《わずら》って寝たきりの老いた実母がいるとのことでした。

ご亭主は、と尋ねれば、転職を繰り返して給料を家に入れるどころではなく、パチンコに明け暮れていると目を伏《ふ》せたのです。

窮鳥《きゅうちょう》懐《ふところ》に入《い》れば猟師も殺さず、と申します。女性は清楚な美しさの持ち主でした。出演料は三十万円で採用を決定しました。そのうちからとりあえず大家さんに振り込まなければならないお金の二十万円を早速スタッフに渡し、銀行に走らせました。今日中に撮影を終えてほしい、が彼女の要望でした。

自社のスタジオの鏡の前でメイクを施《ほどこ》している彼女に銀行の振り込み済みの用紙を見せると、ホッとした表情となりました。その表情を見て、どれほど家賃のことで彼女が苦しんでいたのかが分かりました。

撮影を開始して間もなく、スタジオの外で女性のメイクさんと遊んでいた彼女の幼《おさ》な児《ご》が、母を求めて泣き出しました。

メイクさんがいくらあやしても泣き止まない様子です。

仕方なく、スタジオのなかに招き入れ、母親の乳首を口に咥《くわ》えさせました。

狂ったように泣きじゃくっていた幼な児《ご》でしたが、安心したのでしょう、寝息をたて始めたのです。

時間がありません。撮影を続行しました。母親は乳首を咥えたまま目を閉じているわが子を胸に抱きながら、一方の手で男優の体を抱きしめ、のけ反《ぞ》る様を見せました。幼き日に同じように母親に抱かれていた甘えん坊だった自分の姿が幼な児にダブり、カメラを構えながら目の前が霞んできました。

荒々しい腰使いをしている裸のＡＶ男優の背中に、私の目から零《こぼ》れ落ちた滴《しずく》がポツリと落ち、弾けました。

気の毒なことに、男優もまた、まさに泣きそうな顔をしていたのです。

発売した作品は、幼な児をモザイクで消す処理をしましたが、視聴したファンは謎めいた画面に困惑したのではないでしょうか。

ご相談を拝見して、あの悪夢が蘇《よみがえ》りました。

あの時の母親のように、あなたさまに切羽詰まった状況に陥《おちい》ってほしくありません。ご主人は「上司とウマくいかない」などと寝ぼけたことを申されています。趣味の活動でもあるまいし、職場は気の合った者同士の集う場所でないことは自明の理ですのに、まだ自分を愛して止まないようです。

命をかけて愛すべきなのは血を分けた幼な児たちであることに覚醒できないナルシストのご主人さまに、究極の選択を迫られてください。まだ自分探しの旅を続けるのか、それとも家族を養うことに働く意味を見出《みいだ》すのか、どちらかを選んでもらうのです。

それでも会社を辞める、と主張なされるのでしたら、役所に行かれて相談なされてください。社会はあなたさま親子を緊急避難させ、守る手立てを持っています。

何のために生まれ、何のために生きていくのか分からなくても、人の子の親としてどんな犠牲も厭《いと》わず、必要とされる義務を全うして支えるのが「人間だもの」でございます。

大好きな彼は、元結婚詐欺師

Q

私の恋愛をことごとく潰《つぶ》してきた母。甲斐性《かいしょう》なしの父を選んでおいてよく言うよと思うのですが、「あんたは騙せても、私は騙されない」が母の口癖。先月、結婚を考えている彼を実家に連れていった時の母の感想は、「におう」の一言。その後、母は勝手に興信所に依頼。先日、彼が結婚詐欺で捕まっていたことが発覚しました。ショックです。罪を憎んで人を憎まず――。彼のことは大好きです。でもやっぱり、別れたほうがいいのでしょうか。

（東京都・ＯＬ・36歳）

A

愛するということは、お金や地位に惑わされることなく、ただその人が純粋に好きだということです。たとえどんな忌《いま》わしい過去があろうと、惚《ほ》れてしまえばそれまでよ、と盲目《もうもく》になることです。

あなたさまが彼の過去を問わず、現在の彼のありのままを認めて思いを貫かれようとする姿勢は愛そのもの、でございます。

「結婚詐欺で懲役に行った」過去があるからといって嫌いになることができないお気持ち、よく理解できます。誤解なされないでください。同じ前科持ちだからといって彼を庇《かば》っているわけではありません。恋愛の厄介なところは、意思とは関係なく燃え上がり、コントロール不能になる、ということを申し上げているのです。

人間は過去があればこそ現在があります。彼を好きだということは、彼の過去を丸ごと含めて好きだ、ということと同義です。人間は過去の経験の積み重ねで人格を形成しています。都合のいい過去もあれば、都合の悪い過去もあって、それらの全ての経験のうえに現在があります。

過去の経験を人間の肉体に譬《たと》えて言うなら、それらの経験は心臓であり、肝臓、腎臓、胃、肺、大腸、小腸の内臓です。

気に入らないからといって肝臓や肺となる経験を否定すれば、人間の存在そのものを否定することに繋がります。心臓を大切にするがごとくに、彼の人格を形成した全ての経験を許し、受け入れるのは当然のことです。

あなたさまには、その人間の負の過去を否定しなければその人を愛せない、などという愚かな道を歩んでほしくありません。彼の過去を全面的に受け入れ、足らざることを補い、過ぎたるところは戒《いまし》め合う幸せを手に入れる知恵を発動なさってください。

彼との極上の性愛をそうして手に入れたように、です。

相手から得る報酬の損得勘定を常に気にして計算している、今様の惨《みじ》めな愛にとり憑《つ》かれてはなりません。

彼があなたさまとの恋を成就《じょうじゅ》なされて「結婚」することは「結婚の事実」となることで、「詐欺」にあうことではありません。臆することなく、胸を張って前に突き進まれてください。

彼があなたさまと結婚なさったあとで他の女性との間で再び結婚詐欺の罪を犯すことがないかどうかは、神ならぬ身では残念ながら知る由《よし》もありませんが、人生は一寸先は闇、です。心配を言うなら、今度は別の犯罪を犯してお縄頂戴になるやもしれません。

あるいは、せっかく結婚したにもかかわらず、彼が難病に倒れることがあるかもしれません。

人生ではいくら転ばぬ先の「知恵」を働かせても、不可抗力と言える不幸が口を開けて待っています。それは、一人の人間では持ちこたえることができないほどに大きく重いものです。でも、夫婦となってともに力を合わせれば乗り越えることができる不幸もあります。

この世は一人で戦い続けるにはあまりにも苛酷《かこく》です。手を携《たずさ》え合うことで喜びは幾重《いくえ》にも増し、悲しみをあたかもなかったかの如くに癒してくれるパートナーの存在があってこそ乗り越えることができるのです。

人間の名誉は、罪を犯して倒れないことではありません。

自ら犯した罪のせいで倒れようとも、励まし、支えてくれるパートナーに恵まれ、決して諦《あきら》めることなく起き上がることです。その未熟さや罪を互いに許し合い、限界の海原を克服し、乗り越えていくのが「人間だもの」でございます。

父は見た、娘の彼氏はタトゥー入り

Q

嫌だと何回も言ったのですが、先日、娘が彼氏を連れてきました。結婚を前提にお付き合いをしているとのこと。私は彼を薄目でしか見られませんでした。それなのに、です。大きなピアスとドラゴンのタトゥーが私の目に飛び込んできたのです。薄目なのに、です。人を見た目で判断してはいけません。でも、やはり見た目は大事でしょう。こいつが義理の息子になるのかと思うと、虫酸《むしず》が走ります。「今すぐ別れろ!」と叫びたいのですが、それを言うと娘に嫌われてしまうでしょうか。

（茨城県・会社員・55歳）

A

人の相談に乗るのは難しいものです。いくら他にもっと難病にかかって大変な人間がいるからとか、もっと苦しい状況を生きている人がいるからと、譬《たと》え話をして励ましても聞く耳を持たないからです。

人はそんな他人のことはどうでもいいのです。自分がいま直面して抱えている問題、たとえば「歯が痛い」とか、「上司に叱られた」とか、「マンションの家賃が上がった」ことが、世界中のどんなことよりも一大事なのです。

人間はそうした自己最重要感の性分《しょうぶん》を持つことで自衛本能が働き、人類がその歴史のなかで遭遇した幾多の艱難辛苦《かんなんしんく》の疫病や貧困、飢餓や戦争、天変地異といった修羅《しゅら》を克服し、生き延びて今日の繁栄を築いてきたのでございます。

自分が一番大切である、は生命力の証でございます。そうした意味から、父親であるあなたさまがご自身の価値観で、結婚を前提に娘が付き合っているタトゥー、ピアスの男を受け入れられない、とのお考えに同意いたします。

父親として、「あんな男とは今すぐ別れろ」と忠告なされることに躊躇《ちゅうちょ》なされる必要はありません。しかしそこまで、でございます。そのうえで娘がどう判断し、どのように行動するかは彼女自身が考えればいいことでございます。

そして、親であるあなたさまには娘の判断を尊重する義務があります。当たり前のことですが、娘はあなたさまの人生の「生贄《いけにえ》」でも「奴隷」でもなく、一つの人格を持つ別の人間であるからです。

結婚して夫に身を委《ゆだ》ねるのは娘であってあなたさまではない、ということを弁《わきま》えてください。相手がどんな風体《ふうてい》であろうが、娘が好きだと言うのであれば、親の立場での口出しは無用なのです。

たとえば、夜毎《よごと》の夫婦生活を娘夫婦がいかなる体位で楽しもうと、そんなやり方はケダモノの所業だ、とのお節介は大きなお世話だということです。

娘は彼女自身の人生を、あなたさまがこの世から去られたあとも、ずっと生きていきます。そんな娘の人生を丸ごと引き受けることは、どんな親でも叶わないことです。

責任を取れないことに口を出すべきではない、は親子関係にかかわらず、人間社会のマナーでございます。

知人の娘が、三十八歳で癌のために夭折《ようせつ》しました。あとには、十歳の息子と五歳の娘と六十歳の夫が残されました。知人の妻が娘の亡骸《なきがら》を清めようとしたら、娘の腰の部位に立派な龍の入れ墨が彫ってあるのを目撃しました。

驚いていると、娘の夫が「これは、私が生まれつきあった腰の大きな痣《あざ》を隠すために彫った入れ墨を見て、〝私もあなたと一緒の入れ墨が欲しい〟と妻が望んで彫ったものです。私が子供たちに負い目を持つことがないように、と優しい妻の心遣いでした」と号泣したのでした。

知人の夫婦はこの時、二十二歳も齢《とし》の離れた男のもとへと嫁いだ娘の思いを酌《く》んでやれず、受け入れることができなかった自分たちの狭量《きょうりょう》さを恥じたといいます。

つい老婆心《ろうばしん》を働かせて余計な心配をしてしまう、親というものはそういうものでございます。が、逆に娘が親の言うことに唯々諾々《いいだくだく》と従うようでは先が思いやられるというものです。

親の立場では、大好きだという気持ちを持てた相手に巡り合えた娘を祝福すべきでございます。好きならば、一緒にいても、どんな状況にあっても、何をしても楽しい、ともに不屈の起き上がり小法師《こぼし》になれるのが「人間だもの」でございます。

デキる女上司の腰巾着で何が悪い？

Q

苦節、ウン十年。ようやく来たチャンスでした。この業界では知らぬものがいない女性が、わが社にやってきたのです。社内で伸び悩んでいた私は、チャンスだと思い、自ら手を挙げて、彼女のプロジェクトチームに入りました。腰巾着《こしぎんちゃく》？　上等だよ、上等。出世のためなら彼女の靴底もなめてやる。誰がなんと言おうと、俺は勝ち馬に乗る！　厳しい日々でしたが、楽しい日々でもありました。なのに、道半ばで彼女は社を去ることに。お、お助けください。私はもうダメです。

（東京都・会社員・53歳）

A

まるで、先の選挙で新党を立ち上げられた女性知事を信じた挙句、葬り去られることになったアノ方のようでございますね。

が、女性であれば、これまで男性では成し得なかった別の世界の扉を開けてくれるに違いないと信じて、尻馬《しりうま》に乗られたあなたさまのお気持ち、よく理解できます。

手前どもも、女性であることで期待のフィルターがかかり、信じて大変な損害を被《こうむ》ったことがあるからです。

彼女は四十代で、女性知事より一回りふくよかな、メタボ体形の持ち主でした。その彼女が、「しがらみのない女性の私が、差別されてきたAVに光を当てたい、ついてはイベントを催すので是非ご協力を」と申し出てきたのです。

傍《そば》には三十代の副社長と二十代の社長秘書の男が、熱い眼差《まなざ》しで見つめています。メタボのうえにソッポを向きたくなる容姿のレベルで、よくもこの二人の忠犬を従えて頑張っているものよ、と心が動かされました。

「自分が協力してあげなければ」との男前の考えを持ったのです。

知り合いのAVメーカーに協賛を呼びかけ、イベントに参加することにしました。が、開催日の四日前に突然、彼女から電話がかかってきたのです。

「せっかく借りた国際会議場の二日間の使用料、八千万円を明日までに支払わなければ、会場を借りられなくなる」と言うのです。

彼女は涙声で「死にたい」とまで口走りました。

「死にたい」と訴えられ、オトコ気がくすぐられました。このまま見捨てては男が廃《すた》ると。手元不如意《ふにょい》でございましたので急遽《きゅうきょ》、友人から借用し、翌日、その八千万円を彼女が指定する口座へ振り込みました。

イベントは無事開催することができました。が、終了後、彼女は姿をくらましたのです。慌てて彼女の会社に行ってみると、従業員は「社長から電話が入り、会社は倒産したので事務所を引き払うように指示された」と言うのです。

さらに事情を聴くうちに、意外なことが分かりました。

女社長と副社長と秘書の三人はデキていて、同じ家で同居生活をしていたというのです。ソッポを向きたくなるようなメタボであれば大丈夫、と信じていたのに、女狐《めぎつね》であったのです。こうして「男前」の代償、八千万円の借金を背負うハメになったのでした。

これまで七千人の女性の足の付け根を視姦《しかん》し、女性の何たるかは分かっている、と自《うぬ》惚《ぼ》れていた手前どもでさえ、この有り様でございます。

ましてや仕事一筋で、実直にも自らが伸び悩んでいることに苦しまれていたウブなあなたさまを女上司が籠絡《ろうらく》することなど、ツクシンボウを手で摘《つ》むほどに簡単であったことでしょう。

運が悪かったとしか言いようがないあなたさまですが、一生を台無しにするのは運ではありません。失敗の後悔ばかりをして、人の批判ばかりをすることです。

まだ五十三歳、人生百年の時代に、これからチャンスはいくらでも巡ってきます。この機会に、女性だからといってむやみに買いかぶってはいけないことを学ばれたことは、金、銀、財宝の山を獲得したようなもの、と前向きに考えてください。

なぜなら、手前どもの仕事は女性を見抜くことですが、この世に半分いる存在の、「女性とは何か」を知らずしては、ＡＶでもあなたさまの仕事でもウマくいかないと思うからです。

たとえどれだけの異性に裏切られても、最後に信じ合うことができる異性を探り当てることができたら幸せを摑めるのが「人間だもの」でございます。

明日、彼のスマホをチェックします！

Q

彼は浮気をしています。女の勘です。付き合って三年になりますが、なんか様子が変なのです。スマホを手放さない、私を抱かなくなった、ユニクロのパンツをはかなくなった、床屋から美容院に変えた、などなど名探偵でなくても「あやしい！」と思うでしょう、きっと。問いたい。今すぐ問いただしたい。でも問うたところで否定されたらそれでおしまい。ならば、スマホを――。私は明日、彼のスマホをチェックします！

（埼玉県・ＯＬ・37歳）

A

知人の男は、自分の奥方を信じられませんでした。あなたさまと同じように、「浮気をしている」との疑いを持ったのです。男は会社を経営していて裕福でした。惜しみなく金をつぎ込んで探偵を雇い、奥方の動向を四六時中、監視し続けました。それでも、奥方の浮気の尻尾《しっぽ》を摑むことはできませんでした。

男はまだ四十代でしたので、夜の夫婦の営みもそれなりにあって然《しか》るべきでしたが、疑いを持ってからはとんとご無沙汰となりました。そしてそのことが、ますます夫婦の距離を遠ざける要因になったのです。

男は仕事の都合で、月に一週間は出張で家を空けることがありましたが、亭主の留守をいいことに、奥方が浮気をしているのではないかと思うと、旅先の宿でゆっくり休むことができずに悶々《もんもん》として朝を迎えたのです。

そうした煩悶《はんもん》の日々が二年ほど続きましたが、男はついに限界を迎えて「浮気をしているだろう」と奥方を責めたのです。

唐突に夫から言いがかりをつけられて、奥方は面喰らいました。このところ、夫の行動の変化の原因が自分の浮気に対する疑いであったことを知って啞然《あぜん》としたのです。そんなに私を信じることができなかったのか、と情けなくて泣けてきました。

そうとは露知らず、偽りの夫婦生活を続けていたことが何とも悔しくてならなかったのです。ならば、と奥方は復讐心《ふくしゅうしん》に燃えて、実際に浮気に走りました。ホストを相手に、次から次と変えてご乱交に及んだのです。

浮気を知った男は、「やっぱり僕の勘が当たった」と快哉《かいさい》を叫びました。夫婦はすぐに離婚しました。男は離婚して一カ月も経たないうちに、新しい妻を迎え入れました。

二十代の若いその新妻とは、前妻の浮気を疑い始めた頃から「お突き合い」を始めた間柄でした。何のことはない、奥方の浮気を疑いながら、自分のほうもチャッカリと浮気をしていたのです。

二十歳も若い新妻を迎え入れた男の新婚生活はさぞかし穏やかなものだろう、と思われましたが、そうではありません。今度は、新妻に対しても浮気をしているのでは、との疑いを持ったのです。

新妻のベッドでの床上手《とこじょうず》が疑いに拍車をかけました。

これほどの好きモノが、自分一人の男で我慢できるはずがない、と疑心暗鬼に陥《おちい》ったのです。またしても男は探偵を雇い、新妻をのべつ幕なしに監視する、修羅《しゅら》の日々に入りました。

つまらない例を申し上げたように思います。ただあなたさまに、人間は二心《ふたごころ》を持って生きることはできません、信じるか信じないかのどちらかの道を選択してください、とお伝えしたかったのです。

人間は、本当のところは何を考えて生きているか、窺《うかが》い知ることはできません。外に表れて見えている部分だけを信じて生きていくしかないのです。人を疑ってかかって得るものとは何でしょうか、教えてください。

疑って信じられないのは、あなたさま自身のなかに、信じることのできない要素をお持ちになられているからです。愚直に好きな人を愛する道を歩きましょう。人を疑うことほど惨《みじ》めなことはありません。

そうした考えに立つことができなければ、誰と出会ってもまた同じ悩みを抱くことになるのです。

人生のどんな局面にあっても、裏切るより裏切られたほうがいいのです。

季節にかかわらず何度でも咲くことができる花が「人間だもの」でございます。

会社を今一度、洗濯いたしたく候

Q

このままでは会社は持ちません。「〝変わらなきゃ〟も変わらなきゃ」と何度も会社に伝え、改革案を出しているのですが、会社はわかってくれません。伝統は大事ですが、伝統だけで飯は食えない。なぜ、それがわからないのか。相撲の元横綱ではありませんが、私も四面楚歌《しめんそか》状態です。会社だけではありません。家族もわかってくれません。泣きたいです。会社が潰《つぶ》れるのが先か、家族が潰れるのが先か。お先真っ暗です。

（東京都・会社員・44歳）

A

人を変えることは容易なことではありません。それはあなたさまと奥方の関係においても明らかなことと存じます。ましてや、人間の集合体である組織を変えることは一朝一夕《いっちょういっせき》ではいかぬ至難の業《わざ》です。

しかし、劣っているからではなく、変わることができなかった者が敗れ去っていくのは世の習い、でございます。そのことに危機意識を持ち、会社の発展を願って改革に情熱を注がれているお気持ち、よく理解できます。が、事を性急に進めすぎるのは、性愛と同じくロクなことにならない、はよくご承知のことです。

世の中では現在のやり方でいい、と考えられている保守的な方が多数派だからです。やってみなければ改革の正当性が立証できない現時点では、そうした反対する人たちの存在はやむを得ないことなのです。

組織の運営は性愛事のテクニックのように、独りよがりでウマくいくものではありません。十人集まれば十人それぞれに真実があり、正義があり、価値観が違い、正常位がいいというタイプもいれば、いや俺はバックだ、騎乗位だ、松葉くずしだ、駅弁だ、と人の「イキ方」は様々なのです。

世界のホンダの本田宗一郎氏は、「会社の創業当初、〝世界的視野に立ってものを考えよう〟と言ったらふき出した奴がいた」と語られています。かの名経営者であっても、人の心を掌握するために悪戦苦闘の日々を送られたのです。

お便りにあった、古い伝統を持つ大相撲の世界でも、いまだに興行かスポーツかで揉《も》めています。偏屈《へんくつ》と愚鈍《ぐどん》が互いの意見を主張してせめぎ合い、解決の糸口さえ見えない様相を呈しています。

土俵の上では譲り合うのに土俵の下では勝ちを競い合って、勝負の行方が見えません。いまや、純粋に素っ裸で真剣試合をしているのはＡＶの世界ぐらいでは、と呆れるほどです。

あなたさまにお願いがあります。その改革の精神は尊《とうと》いものですが、なぜ会社と対立しているのかについて、いま一度、再考いただきたいのです。いかに立派な正論でも、その意見の説得力は、意見の持ち主の人格、信用性に左右されます。

これまで四球と敵失でしか塁に出たことのない野球選手の「本塁打の打ち方」の能書きに耳を傾けるお人好しは、どこにもいません。素晴らしい提案であるのに、どうして皆が耳を傾けようとしないのか、の検証が必要かと考えます。

組織を変えたければまず自分を変えることから始めなければならない、という真理にも留意していただきたいのです。

あなたさまはまだ四十四歳です。一般的な定年退職まで少なくともあと二十年、これからが勝負です。これから先の二十年間、どんな社会的変革の波が押し寄せるか想像もつきません。

しかし、どれほど社会が大きく変化しようとも変わらないものがあります。それは絶えざる現状否定論者でなければ、あなたさまも会社も社会からはじき出されてしまうということです。

それゆえ、改革のチャンスは、いますぐには無理でも、あなたさまにいつかやってくると信じ、自己研鑽《けんさん》の日々にお励みいただきたいのです。モタモタとして漠然と一日を過ごしていては、アッという間に命が尽きてしまいます。

必ずあなたさまを見ている誰かがいます。

焦らず、怒らず、自惚《うぬぼ》れず、短期的には不公平に見えようとも、長期的には公平な差《さ》配《はい》を受けるのが「人間だもの」でございます。

二分だけでもいい、パパの話を聞け！

Q

「サイテー」。その言葉が最後。それ以降、娘がまったく口を利《き》いてくれません。私は妻が買い物に出掛けたのをいいことに、ネットでエロ動画を観ておったのです。女が絶頂を迎えたまさにその時、高校生の娘が帰ってきたのです。私はとっさに「ちょっと仕事でさあ……」などと阿呆《あほう》なことをつぶやいてしまいました。悪かったとは思います。ですが、「大人だってスケベなところがあるんだ」と娘に伝えたい。だって、「男だもの」と。父の威厳を取り戻すためにはどうしたらいいでしょうか。

（千葉県・会社員・51歳）

A

まだ高校生のお嬢さまにとって、「大人の性の領域」は未知なものです。お嬢さまのお年頃は、「SEXとは何か、自分にとっての性とは何か」をまだどう理解していいか分からない季節です。自分の性がどういうものであるか分からない暗中模索《あんちゅうもさく》であるのに、突然、父親の生々しい性欲を目撃して、自分自身でどう受け止めていいやら分からなくなり、混乱なされておられるのです。

それがお嬢さまの「口を利かない」の反射行動となって表れています。

「大人だってスケベなところがあるんだ」との説法《せっぽう》は余計なことです。

ここは無視なさって、過剰に反応なさることなく、静かに見守る態度をおとりになることをおすすめします。

あなたさまのお持ちになっている「娘とは話し合えば何でも分かり合える」との認識が、苦しみのもとになっている気がします。

あなたさまのヒザの上で無邪気に遊んでいた無垢《むく》なお嬢さまは、過去の思い出のなかにしか存在していないことをご承知なさってください。

高校生となられて、お嬢さまはもはや別の人格を持つ立派な大人なのです。あなたさまの愛玩具でもない、一人の独立した人間です。その彼女が、あなたさまの行動に対してすべて理解を示すということ自体、ありえないことです。

「娘とは何でも分かり合える」などという考えは捨ててください。分かり合えることなどないのが当然なのです。でも時間を味方にすれば、分かり合うことがなくても、互いを信じる、支え合う信頼の感情が生まれてきます。信じ合い、支え合えれば、親子の間ではもうそれだけで十分なのです。

これを子離れ、親離れの機会と受け止めて、ゆっくりと構えてください。

お嬢さまが口を利いてくれなくなったことがショックのようですが、知人には娘や息子との間で、何年も口を利いたことがないという親がたくさんいます。

いずれ、お嬢さまも人の親となってみれば分かることが山ほどあります。その時までのお楽しみだと思い、焦らないでください。

父の威厳を取り戻すためには、とのお言葉ですが、親子関係は主従関係ではないのですから、そんなさもしい考えとはオサラバなさるべきでしょう。子供とは「育てた存在」ではなく、全ての親にとって「育てさせてもらった存在」なのですから。

手前どもは、小学六年生の時に両親の営みを目撃しました。

七歩も歩けば裏口に出てしまうマッチ箱のような家で、多感な年頃の息子が寝ているのに、よくも隣の布団《ふとん》のなかでそうした行状《ぎょうじょう》に及ぶことができたものだと、いまさらながらに両親の〝ヤル気〟に恐れ入っています。

しばらくの間は両親の行為が頭から離れず、お風呂に入っている時などは「ウチの父ちゃんと母ちゃんは、スケベな父ちゃんと母ちゃんだ」と両親に聞こえるように、わざと大きな声で歌ったこともありました。両親は何の反応もせず、黙っていました。

そのうち遊ぶことのほうが忙しくなり、いつかそのことを忘れてしまいました。

あの時に無関心を装っていてくれた両親に感謝しています。

もし両親が「子供のクセになんということを言うんだ」と叱りでもしていたら、きっとグレていたに違いありません。

父親と娘との間に横たわる断絶は、何も性に限ったことではありません。子供は親を超えてこそ逞《たくま》しく育つもの、との切ない諦観《ていかん》を抱きつつ、人知れず惜別の涙とともに子供の旅立ちを祝福するのが「人間だもの」でございます。

キスは嫌い。だって汚ないもん

Q

会社で好きな人ができました。私より三つ年下ですが、さわやかで仕事もでき、彼とすれ違うたびに胸がキュンとくるのです。先日、彼とご飯に行くことができました。二人きりではなかったですが、同僚のおかげで「彼女はいない」ことがわかりました。「よし！」と思ったのはここまで。「いまは仕事がすべて」「彼女はいないほうがいい」「キスは嫌い。だって汚ないもん」。告白しても間違いなく撃沈です。難攻不落の要塞《ようさい》を攻め落とす方法を教えてください。

（青森県・ＯＬ・31歳）

A

普通は男性のほうから女性を口説《くど》く、というのが恋愛のパターンですが、愛されてもいない人を愛してしまったあなたさまの心の葛藤《かっとう》をよく理解できます。心の赴《おもむ》くままに「好き」の力を信じて突き進まれてください。

まず、彼の趣味は何であるか、リサーチしましょう。

たとえばそれが映画であったら、話題の映画に誘ってください。映画館のなかでは、積極的にあなたさまのほうから手を握っていきましょう。そんな大胆なことは恥ずかしくてできない、と萎縮《いしゅく》することなく、勇気を振り絞ってください。

人を好きになることは、ある意味で地獄です。

私たちは情熱を注いだ行為には結果を求めて常に報酬を期待するのですが、恋愛に見返りは期待できません。それどころか、「愛とは奪うことではなく自分から与えること」というように、一方的に尽くす「犠牲」を強《し》いられたりします。

微塵《みじん》も自分の満足を望まない覚悟が必要です。

ロマン・ロランの言葉に「恋は決闘です。もし右を見たり左を見たりしていたら敗北です」とあります。

人生がかかっている恋愛になりふり構っていては、勝者になれません。

手を握ることが叶ったら、次はカラオケに誘いましょう。二人きりになって、互いのスキンシップを深めるためです。デュエットをしましょう。彼の体に体を密着させて、さらなるスキンシップを図るのです。

一人で歌う時は、極力セクシーな体の動きを心掛けてください。オーバーに、です。男は目で恋をします。あなたさまのナイスなボディを彼の視覚に訴え、妄想力を掻《か》き立てるのです。

歌い疲れたら、彼にマッサージを施《ほどこ》しましょう。

「有名なマッサージ師のオバアちゃんから、心と体がリラックスする施術《せじゅつ》を教わっている」との方便を使われるのが良いでしょう。

人間のエロティシズムには肉体と精神の二つがあります。肉体のエロティシズムとは本能です。しかし、彼にはその本能のエロパワーが不足しているように見受けられます。体の勃起《ぼっき》のツボを指で刺激して、性欲の中枢を目覚めさせましょう。

マッサージを終える頃は、確実に彼の股間に変化が起きているはずです。

これは手前どもの経験からも間違いありません。それでも彼がまだ煮え切らないようであれば、「ホテルに行って、より効果がある全身オイルマッサージをしてあげる」と誘ってください。それから先は成り行きに任せていいと思います。

世の中には、恋愛に関する知恵が溢《あふ》れています。しかし、それらのどれをとっても、誰にでもあてはまる神通力《じんずうりき》を持つものは一つもありません。どれを参考にするかは、あなたさまの選択にかかっています。

どんな恋愛のアプローチを選択しようと、答えは一つです。失敗を恐れて実行に移さなければ、失敗はないけれど絶対に成功はない、ということです。

女性の権利が叫ばれている現代では、男性の性欲が著《いちじる》しく辱《はずかし》められている傾向があります。女性が承諾したり拒絶したりする権利を持つことによって、不器用で小心で傷つきやすい男たちは臆病になり、防御本能から非男性化の鎧《よろい》を身に纏《まと》っています。

ゆえに、あなたさまのような恋する女性をジラし、イライラさせる中性化した罪な男が出現しているのです。

ここに至っては、傍《はた》からどう思われようが脇目もふらず、猪突猛進《ちょとつもうしん》なされて「やったもん勝ち」の道をゆくのが、成功と〝性交〟を夢見る「人間だもの」でございます。

彼氏と浮気相手から同時にプロポーズ

Q

先日、彼氏からプロポーズされました。去年までの私だったら二つ返事でOKしたのですが、いまはできません。一年前から交際している浮気相手からも実は、プロポーズをされているのです。好きなのは彼氏ですが、お金はあまりなし。資産家の息子である浮気相手は、お金はあるけど顔は好みではない。愛をとるか、お金をとるか。両方あれば悩まなくてすむのに……神様のバカ！　そこのあなた、妬《ねた》まないでください。私は真剣に悩んでいるのですから。

（香川県・ＯＬ・29歳）

A

愛をとるか、おカネをとるかなどと、まるで「貫一《かんいち》お宮の恋物語」のようなドラマティックな選択を迫られていらっしゃるんですね。

もしあなたさまが「おカネだ」の選択をなされることがあっても、別に批判したり、驚くことではないと考えます。現代社会では、おカネさえあればほとんどの欲望は満たされるからです。

しかし、満たされない欲望が一つだけあります。「愛し愛されること」の欲望です。この欲望だけはおカネがあってもどうすることもできません。おカネで叶えられない唯一のものは「愛し愛されること」と言っても差し支《つか》えないのです。

幸福とはおカネがあろうとなかろうと、いまのまま同じ状態がずっと変わらず続いてほしい、というような状態をいいます。

何を青臭いことを、とお笑いにならないでください。

それはたしかに、愛しているからというだけで結婚に至るのは前世紀の考えであるかもしれません。結婚はおとぎ話ではありませんから、先立つものがなくては愛することも叶わなくなるのは明らかです。

それでも立ち止まって考えてほしいのです。

物質的な欲にかられてこのまま資産家の息子との関係に突き進んだとしたら本当に幸福を摑むことができるだろうか、ということをです。人間の本能的な欲には食欲、睡眠欲、性欲、物欲があります。食欲、睡眠欲、性欲といった欲は、欲といっても実際のところ、そうたいしたことがありません。

ある程度満たされれば、それで満足するからです。好きなあの人とベッドの上で眠れぬほどの激しい夜を過ごしてみたいと夢見ても、時間とともに性欲は次第に縮んで行方知れずとなっていくものです。

しかし、物欲だけは違います。

物欲は、もっともっと、とその欲望は留まるところを知らず、地球の上の大方のものを手に入れてようやく安息するほどに、際限のないものです。

貧しいとは足らざることをいうのではなく、いくら満たされても満足できない餓鬼《がき》のような人間のことを言います。物欲にとらわれ、資産家の息子を選ぶと、生涯貧乏人のままで終わることになってしまう危険があります。

一日三食をとり、起きて半畳、寝て一畳で十分なのに、一日十食を欲しがり、起きては三十畳、寝ては百畳を欲しがるなんて、まるでコメディではありませんか。

恋人の学費を稼ぐために、AV女優となって一所懸命に働いていた女性がいました。彼女にどうしてそんなにまでして貢《みつ》ぐのか、と訊いたことがあります。愛する人のために苦労ができるなんて、こんなに幸福なことはありません。愛している人におカネがなければ、代わりに働いてあげることなんて当然だと思うんです、と熱く彼女は語りました。

やがて恋人の男性は無事に医学部を卒業し、歳月を重ねて彼女は医学部教授夫人となりました。

傍《はた》からは見事な投資効果との評価を受けたのですが、彼女が手に入れたのは医学部教授夫人という、人も羨《うらや》む輝かしい座だけではありません。ともに愛する人とこのまま一緒にいることができれば、他に何もいらないという心の贅沢《ぜいたく》です。

あなたさまに心していただきたいのは、「好きだ」ということは愛していることとは違うということです。ただ物欲を満たしてくれる男よりも、あなたさまを大切にしてくれる、愛してくれる人と結ばれることのほうが断然幸福になれるのが、畢竟《ひっきょう》、「人間だもの」でございます。

なんとか「ハラ」って何ですか

Q

セクハラ、パワハラ、モラハラ――。ハラが多すぎて、オジサンの私はハラハラしています。これもなんとかハラなのでしょうか。「彼氏いるの？」とか「髪、切った？」とか言うだけでセクハラ扱いになるのだとしたら、恐くてなにも話しかけられません。最近、「ちゃん」づけで呼ぶのもダメだということを聞きました。ますますオジサンは無口に。無口なオジサンはパワハラになりやしまいか？　多少のことはご愛嬌《あいきょう》、で許してくれないだろうか。

（埼玉県・会社員・57歳）

A

セクハラの度合いをはかる客観的な基準などはありません。気に入った相手の言葉や行動であればどんなことでも受け入れられ、ある時には快感にさえ感じることができるのに、同じ言葉や行動でも、気に入らない相手からのものであると許せないと思われ、怒りさえ買うことがあるのです。

好きな男の早漏《そうろう》なら「感受性が豊か」と愛《め》でることができても、好きでもない男のソレは「意気地《いくじ》なし」と罵倒《ばとう》の対象でしかないように、です。

およそ全てのセクハラは、確固とした根拠のない主観的なもので、批判を受ける側にとっては理不尽なものとなっています。よってセクハラの真実は一つだけでなく、人の数だけ存在するところがこの問題を難しくしているのです。

友人が、大学を卒業したばかりの自分の娘を、知人が社長をしている会社に入社させました。ところが、娘は三カ月ほどしてその会社を辞めました。原因は社長のセクハラでした。娘はそのショックで、心療内科に通う破目《はめ》に陥《おちい》りました。

メタボで頭髪が薄く、牛乳瓶の底のような分厚い眼鏡《めがね》をかけたその社長に、娘は初対面の時から生理的に嫌悪感《けんおかん》を抱いていました。社長が時折注いでくる視線が、なにかネットリと体をまさぐるように思われてたまりませんでした。

社長は知人の娘だから大事にしたい、との熱い思いであったのでしょうが、娘はそれを自分の肉体に対する野心と受け止めました。

事務所ですれ違いざまに、社長がよろけて娘の体にぶつかったことがありました。娘はそれを「私のお尻に触れるためにわざとよろけたのだ」と感じたのです。

入社して一カ月後、会社で恒例となっている新入社員歓迎会が開かれました。余興の時間に五人の新入女子社員のなかから、娘は社長のご指名を受けてダンスを踊りました。軽く肩を抱いたチークダンスでしたが、娘には耐えられないものでした。

社長がベッタリと体を寄せて話しかけてくると、唾《つば》が首筋まで飛んできました。加えて、鼻をつく加齢臭の気持ち悪さと悍《おぞ》ましさで卒倒しそうになりました。

社長には悪意はなく、むしろ知人の娘であることから特別に依怙贔屓《えこひいき》をする気持ちであったのでしょうが、娘はこのままではいつか手籠《てご》めにされる、との恐怖感を持つようになったのです。

娘は子供の頃、イジメに遭い、登校拒否になったことがありました。不幸なことに、その昔のトラウマが甦《よみがえ》りました。

歓迎会が終わってから数日後、顔を合わせた社長は、娘にダンスが上手だったことを

「慣れているね」と誉めました。

しかし娘は、それを「まんざらでもないんだね、私に気があるんだろう」という言葉なぶりのメッセージと誤解したのです。

貞操の危機を覚えた娘は、会社に行っても社長と目を合わせることを避けて、その視野に入らないことに気を配っているうちに、心に破綻《はたん》を来《きた》して会社に行くことができなくなり、退社のやむなきに至ったのです。

遊びには仲間が必要です。多少のことはご愛嬌だとの言葉遊びをあなたさまが望まれるのであれば、それを受け入れる土壌のある女性だけに限られるべきでございます。

ことのほかセクハラに敏感となっているご時世では、セクハラとの批判を受けることから免れるためには「君子危うきに近寄らず」を選択為《な》されるほかはなく、「触らぬ神に祟《たた》りなし」の道を歩まれるのが、賢明な「人間だもの」でございます。

Q 初デートでホテルはありだった？

先日、合コンで知り合った女性と初デート。「いきなり！ホテル」はなんだから、初日は終電で帰ることに。駅のホームで彼女は寂しげにこう言いました。「○○さんて真面目なんですね……」。僕はなにも言えないまま彼女の背中を見送った——。いいの？よかったの？ホテル。じゃあさ、額《ひたい》に「交」の文字を浮かばせてくれないかな。そうじゃなきゃ、誘えないよ、初日なんだし……。なんだか気まずくて、彼女に連絡をとることができません。

（東京都・会社員・29歳）

A

生意気を承知で申し上げれば、「アホ、バカ、マヌケ」なる罵《ののし》りをあなたさまに申し上げなければなりません。

恋愛のドキドキするような醍醐味《だいごみ》を味わうことから逃亡していては、なんのためにチ○ポをブラさげているのか、と歯がゆく思われてなりません。

彼女はなにも虎視眈々《こしたんたん》と結婚を求めて合コンに参加し、あなたさまのアタックを待っていたワケではありません。女性だって一夜限りで遊んでみたい、愛だの恋だのにとらわれずに純粋に一度限りのＳＥＸを楽しんでみたいと望まれているのです。

それから先の恋愛や結婚は成り行き次第でいい、との考えをお持ちです。たとえ失望してもまたやり直せばいい、とタフに構えておられるのです。

また、ＳＥＸに期待するものは猛獣のごとくの突き立てでなくても、ただ優しいあなたさまの胸に抱かれるだけでいい、といった奥ゆかしさであったりします。

ところが、洞察力に欠けたあなたさまは、ＡＶのように女性を、白目をむいて口から泡を吹くほどにイカせまくらなければＳＥＸじゃない、と思い込まれていたのではないでしょうか。

男と女の関係には、善も悪も、優も劣もありません。割れ鍋に綴《と》じ蓋《ぶた》、他人がどう思おうと、互いの相性がよければそれでいいのでございます。

彼女はそうしたことを弁《わきま》えて合コンに臨み、せっかく終電の駅のホームにたどり着いたのに、あなたさまのヘタレのプライドを目《ま》の当たりにして、「○○さんて真面目なんですね」の失望のメッセージを残されたのでした。

斯《か》くなる上は、あなたさまに残されているのは突き進むリベンジあるのみ、でございます。あなたさまに根本的に欠如しているのは、相手の女性の喜びのためなら下手な面《メン》子《ツ》などかなぐり捨てて前に進む、という男気です。

女性の積極性や、受け入れたいと思う気持ちは、女性自身の性欲から生まれるものではありません。あなたさまの男のフェロモンが女性の「淫芯《いんしん》」に火をつけ、積極性の生みの親となるのでございます。

女性が男性に媚《こ》びを売る、その気のあるようなポーズをとるのは、男性が放った欲望の矢が彼女のハートを射抜いた証、と理解すべきです。

残念なことに、たいていの男というものは、あなたさまと同じようにブリッ子です。傷つくのが怖い臆病者なのです。

女性にアプローチして失敗したら男として立つ瀬がない、などのつまらない虚栄心とはオサラバしてください。女性は死ぬ気で自分を口説《くど》いてくる男性を好ましく思っても、決してバカにすることはありません。見栄っ張りのカッコをつけている男を、心のなかで嘲笑《あざわら》っているのです。

女性が男性に望んでいるものは、全身全霊で願っているものを届けてくれるサンタクロースであることです。それは必ずしも金品でなく、選ばれて求められるという極上の心地《ここち》よさをプレゼントする、というのが男の役割と心得てください。

どうしてラブホテルは満室なのでしょう。

恋愛のドキドキするような高揚感は、よくぞ人間に生まれたり、と思えるほどに充実したものです。それを味わうことができずにいるなんて、勿体《もったい》なさすぎます。いまからでも遅くはありません。

「実はあの夜は熱があったので」「お腹が痛かったから」などの方便を用いて、彼女に連絡をとってください。

自分の心をまず先に開いてこそ、愛のキューピットが舞い降りて来るのが「人間だもの」でございます。

歩けば、「ダメ男」にあたる

Q

ギャンブル男、ヒモ男、束縛男、詐欺男、金正恩《キムジョンウン》そっくり男……。私に言い寄ってくる男は、どうして揃いも揃って「ダメ男」ばかりなのか。合コンの数も減ってきており、かなり焦っています。オジサンしか職場にいない私には合コンがすべてなのに。歩けば「ダメ男」にあたる人生をなんとかしたい。というか、「いい男」はどこにいるの？　テレビ画面の向こうにしか存在しないの？　村西さま、探しても探しても、探し物がみつかりません……。

（大阪府・ＯＬ・33歳）

A

あなたさまはタイやマグロを釣り上げることをお望みなのに、フナやドジョウしか泳いでいない近くの小川で釣りを重ねることをなされているような気がします。ご自身のお眼鏡《めがね》にかなった魚を釣り上げられることを欲しておられるならば、その魚が棲《す》んでいると思われるフィールドにウキを浮かされることが肝心かと存じます。

一度、合コンにこだわることをおやめになられ、新しい出会いの場を求められてはいかがでしょう。お料理教室やお茶や生け花、日本舞踊といった「お稽古事《けいこごと》」に通われてみてください。そうした場所では、結婚適齢期の男性をお見かけすることは滅多にありませんが、ターゲットはそこではありません。

一緒に通われている女性たちやお師匠さまです。それら仲良くなられたお仲間に、誰か相応《ふさわ》しい結婚相手を紹介してくださるようご相談なされてみてください。

昔は、親類縁者やご近所にあなたさまのような結婚相手をお探しの女性の面倒をみてくださる年長者がいたものですが、自由恋愛が社会の風潮となった現在では、姿を消されております。

が、一人の人間には親しくしているお友達が十人いるといいます。あなたさまのお悩みを引き受けられて良縁を結んでくださる方が、きっとおられるはずです。恋愛至上主義に染まっている現代ですが、出会いの形にこだわっているのは損でございます。

あなたさまがどれほど活発に行動範囲を広げられても、出会う異性の数などタカが知れています。それよりも、できるだけ多い友達の輪をつくられて、その友達の輪からご紹介を受ける、いわば第三者にご紹介をいただくお見合い方式にご転換なされたほうが、余程効果的ではないかと考えます。

若き日に、英語の百科事典のセールスをしていました。

ご契約いただいた女性はまだ二十代後半の若さでしたが、お琴の名取《なとり》でした。良家にお育ちの生粋《きっすい》のお嬢さまで、気立ての良いその女性は「誰か他にお客さまをご紹介くださいませんか？」との手前どもの頼みを快く引き受けてくださり、何人ものお弟子さんをご紹介くださったのです。

「これからは、私たちも英語を話せるようにならなくちゃね」とのお師匠さまのアドバイスを受けて、若い女性のお弟子さんたちは「先生のおっしゃることでしたら」と素直にご契約をいただいたのです。

ただ辛かったのは、頻繁に市民会館や公民館などで開催される発表会の会場の最前列に席が用意され、終了までの長い時間、琴の音に耳を傾けなければならなかったことでした。

元来、粗野《そや》な手前どもは音《ね》を上げて、演奏会から遠ざかることとなったのでしたが、感謝とともに忘れられない思い出となっています。

トップセールスマンであり得たのは、こうしたお客さまから新規のお客さまをご紹介いただいたことが功を奏したからです。

この時、人間は傍《はた》から窺《うかが》い知れないほどの豊かな人脈を持ち、さまざまな価値観の世界に生きる人たちがいることを学べたのは貴重な収穫となりました。

あなたさまはメダカしか棲んでいないような溜《た》め池に釣り針を投げ入れて、カンパチがいないことを嘆いている自称太公望《たいこうぼう》のように思われてなりません。

めげることなく大海に漕《こ》ぎ出て、海鳥の舞う下のナブラに釣り糸を投げ入れた者だけが、黒マグロを釣り上げる陶酔に浸《ひた》ることができるのが「人間だもの」でございます。

嫁の親にお金を貸すべきか

Q

私はなんのために、お金を貯めてきたのでしょうか。嫁から「ドケチ」と罵《ののし》られ、それでも私はコツコツと貯金をしてきたのです。ケチだから貯めこんでいるに違いない、そう思われたのでしょうか。嫁の親に、お金を貸してほしいとせがまれ困惑しております。切羽《せっぱ》詰《つ》まった、やむにやまれぬ事情があったのでしょう。でも、もし返してもらえなかったら、トラブルになりそうで怖い。「お金は一円もありません」と言いたいのですが、それを言うと鬼嫁がどのような顔をするか、貸すも地獄、貸さぬも地獄……。

（東京都・会社員・46歳）

A

奥方の親が借金を申し込まれたのは仰《おつしや》るとおり、切羽詰まった、やむにやまれぬ事情があったのでは、と推察します。

手前どももあなたさまの奥方の親と同じ齢《とし》を重ねておりますが、自分の最愛の娘のムコ殿に生き恥をさらして「おカネの無心」をせざるを得なかったのは、余程のことなのでしょう。

奥方の親はあなたさまの妻となられた女性を、この世に送り出してくださった恩人です。その恩人が「カネを貸してほしい」と頼んできたのは、あなたさまにその器量があると見込んだからです。

頼んでも無い袖《そで》は振れない甲斐性《かいしよう》ナシに頼んでくるワケがない。

友人や親戚ならいざ知らず、奥方の親からの申し入れであれば、できる限りのことを「恩人」にして差し上げても罰は当たりません。返してもらえなかった時、トラブルになりそうで怖いとのことですが、であればプレゼントするつもりでおカネをお渡しになればよろしいのです。

おカネを貸して辛いのは、返ってこないことではありません。返済の催促《さいそく》をする都度に、自分のほうが銭《ぜに》の亡者《もうじや》のさもしい人間になったような気分に陥《おちい》ることです。

「このおカネの催促はしませんから、返済はできるようになった時で結構です」とお伝えすれば、気持ちはだいぶ楽になるはずです。

奥方の親にもプライドがありましょう。あからさまに「差し上げます」と言えば、「物《もの》乞《ご》いではない」とカドが立つことになりかねません。

再起を期待し、応援する立場で思い遣《や》りの心で接していただくのが肝要かと存じます。奥方の親が借金を申し込んでくれたことを、よくぞ自分のところに、と喜んでいいのではないかと考えます。

奥方の親に恩返しができる機会を持つことができた自分を祝福してやってください。お人好しの存在は家庭円満の秘訣です。この機会にお人好しになれたことは、ムコ冥利《みょうり》に尽きるというものです。

奥方には、おカネを貸す前にキチンとご相談をなされて承諾をとられることをおすすめします。

そこで、どの程度の金額が二人の夫婦にとって妥当かをお決めになってください。多くを語らなくても、奥方は心のなかであなたさまに手を合わせています。自分の親に助け船を出してくれた夫を誇らしく思い、生涯その情けを忘れないでしょう。

将来返ってくる望みがない、命の次に大事なおカネを、返ってくることがないと分かっていながら馬鹿正直に出してくれた自分の夫に、奥方はきっと惚《ほ》れ直すに違いありません。

手前どもは五十億円の借金を抱えて倒産する寸前まで、ありとあらゆる知人に借金を申し入れて歩きました。ただ、親族に借金を頼んだことはありません。借金を頼めるほどの小金持ちが一人もいなかったからです。

もし親が小金を持っていたら、縛り上げてでもカネを奪っていました。カネは人間から正気を失わせるほどの魔力を持っているから怖いのです。

あの時、親戚を頼って身ぐるみ剝《は》いでいたら、今頃、再起はできませんでした。どうせ身内のカネだとタカを括《くく》ってトンズラしていたはずだからです。甘えが許されない〝その筋〟のカネだったから、命がけで返さざるを得なかったのです。

不吉なことを申し上げるようですが、焼け石に水となって、おカネは返ってくることはないでしょう。そんな時でも奥方の親を引き取り、面倒を見て差し上げ、恩には恩によって報《むく》いてこそ「人間だもの」でございます。

社内不倫が会社にバレてしまった

Q

男社会のなかで、必死に戦ってきました。「女のくせに」と何度言われたことか。それでも私はこの仕事を愛し、一心不乱に働いてきたのです。本当です。一心不倫ではございません――。昨日、社内不倫が会社にバレてしまいました。部下たちが私のことをどう思っているのか。「このエロババア！」と思っているでしょう、きっと。「エロババア」は潔く、退職すべきでしょうか。この年で転職は辛いですが、家のローンもまだ残っておりますゆえ。ああ、エロで沈む夕陽かな。

（神奈川県・OL・53歳）

A

社内の男性との不倫が会社にバレたとのことですが、どういう経緯《いきさつ》で露見したのでしょうか。

不倫はたとえ二人が素っ裸となってベッドにいる姿を目撃されても、相手が急に「悪寒《おかん》が走る」と気分が悪くなったので、裸になって介抱していたのだと言い募るのがマナーでございます。

手前どもが浮気をして家に帰ったら、あろうことかズボンのチャックに使用済みのコンドームがブラさがっているのを女房ドノに目撃されたことがございました。「どういうことかしら」と厳しく問い詰める女房ドノを前に、「お前のことが急に欲しくなって、ガマンができずに車のなかでコンドームを被《かぶ》せ、オナニーをしていただけだ」との弁解で、事なきを得たことがございます。

たとえ証拠の結合部の写真を突き付けられようとも決して肯定せず、「科捜研《かそうけん》で勝負します」ぐらいの啖呵《たんか》を切れないようでは、大人の女の沽券《こけん》にかかわるというものです。何があっても不倫を認めることなくシラを切ることができずしてなんとする、でございます。

社内の誰がどの程度、あなたさまの不倫を承知しているか存じ上げませんが、ここはひとつ気を取り直して、不倫を否定するお立場を貫かれることをおススメします。不倫相手を傷つけまいとしてつく嘘は、嘘ではなく「思いやり」でございます。

もはや社内不倫が明々白々となって隠し立てが叶わぬとなっても、自ら転職を選ぶのは愚《ぐ》の骨頂《こっちょう》でございます。あなたさまが五十三歳となられる今日まで会社で築き上げられてきたキャリアを、そう簡単にご破算にすべきではありません。

周囲の目が痛いのは、あなたさまに社内の皆が嫉妬《しっと》しているからです。五十三歳となったいまでも、女を決して捨てることなく恋愛に身を焦がしているあなたさまを見て、実のところは「羨《うらや》ましい」とヤキモチをやいているのです。

置き引きや万引きといった犯罪を犯したワケではないのですから、ここは「不倫の甘《かん》美《び》なる果実」を口にした人間の報《むく》いと受け止め、泰然自若《たいぜんじじゃく》と振る舞われたらいかがでしょう。

あなたさまが会社で働いているのは奉仕活動ではなく、ご自身の生活のためです。家のローンも残っているとのことですから、いまさら転職などと青二才《あおにさい》の小娘のようなことを口にしてはいけません。

あなたさまが往《ゆ》く道は、これからも変わらずにシッカリ働き、いままでどおりに文化的で豊かな生活を維持することです。一時の気の迷いから、経済的基盤を失う愚かな選択をしてはなりません。

五十三歳となったいまでも枯れることなく、恋花《こいばな》を咲かされているあなたさまはなんて素敵なんでしょう。俗に女性は閉経したあとに性欲が底なしに強くなると言われています。

あなたさまを思い描きながらペンを走らせる手が震えています。あなたさまのように恋を諦《あきら》めない女性との出会いが、いつか自分にも巡ってくるのではないか、とワクワクするのです。

手前どもの母親はおでん屋の女将《おかみ》をやりながら、六十八歳となっても四十八歳と詐称し、自分の息子と同じ三十八歳の男を相手に色恋沙汰を起こしていました。

母から学んだ教えは、灰になるまで愛し愛されてこそ「人間だもの」でございます。

学歴なんて関係ないはウソでした

Q

学歴なんて関係ない。僕はそう信じています。大学の名で飯が食えるか、と。半年前、幸運にも大手企業に転職することができました。意気揚々と乗り込んでいったのですが、いつも訊かれるのが「大学どこ?」。「○○大学です!」と僕は胸を張って答えておりました。でも、もう限界。言いたくない、三流大学の名前なんてもう二度と。笑っているのですよ、奴らは。バカにしているのですよ、僕のことを。北風が急に吹きはじめました。一流大学という名のコートを僕に貸してください……。

（東京都・会社員・34歳）

A

あなたさまの劣等感、よく理解できます。いくら実力主義を唱えたところで、本来ならばその能力や働き具合で判断されるべき評価に学歴というベクトルが加わり、不当なものとなりがちな日本の社会の現実がございます。

ましてや新しく転職なされた先が大企業であれば、学閥《がくばつ》なども加わりなおのことでしょう。自分はこれから先、三流大学出身であるがゆえに、不当な待遇を受け、そのことに甘んじていかなければならないのか、という焦燥感《しょうそうかん》や不安は理解できるものです。

しかし、物事には表と裏がございましょう。たとえば男性の極太極長は、一見もてはやされているように思われがちですが、実際のところ、俗に言う「名器」の持ち主の姫君にとっては「痛いばっかりの無用の長物」との誹《そし》りを受けることもあるのでございます。

それと同じに、一流大学を卒業したエリートばかりのお仲間同士は、自尊心に駆られて異常なまでの羨望《せんぼう》と猜疑心《さいぎしん》の囚《とら》われ人となり、平常心を失ってございます。一皮剝《む》けば我先に抜きん出ようと、裏では互いに足を引っ張り合い、叩き合っている醜《みにく》い姿がございます。あなたさまは、そうした仲間に対する歪《ゆが》んだ戦闘意識の妬《ねた》みや嫉《そね》みとは無縁であることができることを思えば、過剰なまでの劣等感は軽減できるのではないでしょうか。

もとより、あなたさまに出世競争から離脱すべきだ、と申し上げているのではございません。学歴という権威をかさに着て、虎の威を借る狐のような無益な生き方とは一線を画《かく》されるのがよろしい、と申し上げているのです。

自分は何者かを規定するのは、あなたさまではありません。社会的存在である人間は、誰にどのように評価されるかで、何者であるかが定まるのです。

あなたさまがお望みどおりに大企業に晴れて転職できたのは、偶然なんかじゃありません。企業の採用担当者が、そのキャリアをかけて自分の企業には不可欠な有用な人物、との評価を得たからこそ採用されたのです。

プロの目利きを侮《あなど》ってはいけません。あなたさまがご自身をいかに三流大学出身者であると侮ろうとも、その実力を企業側が大いに認めたからこそ採用されたのです。これから先は、その期待に背《そむ》くことなきよう、よそ見をせずに、一心不乱にお仕事に取り組まれればよろしいのです。

のど自慢大会に出場し、見事鐘を三つも鳴らしていながら「ボクは三流大学出身者だから」と泣き崩れるような愚か者であってはならないということです。社会はいかに高学歴ならぬ本場フレンチのレストランの看板を掲げていても、肝心の料理がロクデナシであっては、罷《まか》り通らないということです。

あの男を採用してよかった、と納得されるような働きをすることで、学歴偏重にシッペ返しをする心意気を持ってください。傍《はた》から見れば、「あの程度の学歴であの男、将来の不確実性に耐えてよく頑張っている」との評価を得てやるの意地を失ってほしくありません。

人間はその生まれ持った容姿と同じく、いくらジタバタしてもどうしようもない宿命に生きています。努力の甲斐《かい》もなく、三流大学卒のせいで願ったような状況が生まれなかったら、その時はキッパリ諦《あきら》めて趣味に生きればいいではありませんか。

コンプレックスは忌《い》むべきものでなく、やがて死と同じく生きる意味を教えてくれるのが「人間だもの」でございます。

僕のことは嫌いになっても指輪は…

Q

彼女は指輪を置いて出ていきました。三年前の誕生日に僕が贈った指輪を置いて。僕のことは嫌いになっても、指輪のことは嫌いになってほしくなかった。僕との良き思い出として、これから先も身につけてほしい——。僕が指輪を贈った日、涙を流しながら喜んでくれた彼女。僕はあの日のことを忘れない。「処分して次に進め！」と友人は言いますが、僕にはそんなことできません。きれいに磨いて彼女に送り返そうかと思うのですが、ダメですか。

（東京都・会社員・28歳）

A

ロマンチストでいらっしゃるんですね。でも、手前どもには「ひょうきん者」にしか見えません。考えてもみてください。彼女はあなたさまが心を込めて贈られた指輪を置いて出ていかれたのですよ。

これ以上の三行半《みくだりはん》はないではありませんか。

嫌いというより大嫌いになった男から贈られたものなど何一つ持っていたくなかった、との彼女の決意の表明に他ならないのです。

俗に言う「虫酸《むしず》が走るほど」の嫌悪感《けんおかん》を持たれたのです。であるにもかかわらず、現実を直視する勇気を失い、未練を断ち切れないとあっては、「ひょうきん者」というより「愚か者」といっても差し支《つか》えないのではないでしょうか。

せっかくのご相談でございますのに、無礼な物言いをお許しくださいませ。ただ、あなたさまには「真実」を受け止めて一刻も早く立ち直っていただきたいから、思ったことを正直に申し上げているのです。

手前どもも亀の甲より年の功で、恥ずかしながらも別れの場数は少なからず踏んできております。そのほとんどが、彼女のほうから別れを告げられたものでした。

しかし、自分の何が至らなかったのか、皆目見当がつかずに、あなたさまと同じように諦《あきら》めきれずに思いを募らせていました。最初の妻となった女性に間男《まおとこ》されたとき、ようやく何が駄目だったのかを悟ったのです。

SEXが未熟だったのです。トップセールスマンでしたから、経済的には何不自由のない生活を送っていました。子供も二人授かっていましたが、セールスの忙しさにかまけて夫婦の営みの手を抜いていたのです。間男は建設現場で働くマッチョでした。夜の工事もマッチョで、元妻はその男前に魅《ひ》かれたのでした。

そのことを知ったのは別れたあと、しばらく経って届いた彼女の手紙からでした。そこには「私を女として愛してほしかった」と生々しい「肉欲」が書かれてあったのです。男としてアナタは失格だ、との匕首《あいくち》を突き付けられ、沈みました。

それから一年近くは、女性を見るのさえ苦痛でした。自信を喪失し、己のイチモツさえ切り落としてしまいたいと悩んだのです。辛くて逃げ出したかったのですが、自分の下半身のことゆえに、逃げ出す場はどこにもありませんでした。

時間を味方にしてようやく立ち直れたときは、「いまに見ていろ」の復讐心《ふくしゆうしん》に燃えていました。二度とあのような屈辱を受けることがあったなら生きてはいない、と心に誓ったのです。

それから五年後、エロ事師稼業《ごとしかぎょう》に手を染め、SEXパフォーマンスに目覚めて「AVの帝王」と呼ばれるようになりました。でも故郷の親戚の間では、女房を間男されたうえにまた下半身で恥を晒《さら》したと、手前どもはこの世にいないことになっています。

彼女が出て行かれたのは、多かれ少なかれ、あなたさまに「男の甲斐性《かいしょう》」が不足されていたからでは、と考えます。彼女はあなたさまとの関係を清算し、新しい男性との出会いに人生を賭けた、といっていいと思います。

嫌いになった相手につきまとわれるほど、おぞましいことはありません。現実を受け入れられて、未練をキッパリと断ち切られるのが身のためでしょう。真善美《しんぜんび》を極める道を選ばなくても、人間は生きていれば誰でも哲学者です。身を切られるような情けなさを経て、自分は何者かを知らされるのが「人間だもの」でございます。

息子がゲイだったなんて…

Q

「お母さん、ごめん。僕はゲイなんだ。だから、結婚はできない」「……そう、わかった……」。一人息子の突然の告白に、いまでも戸惑っております。ゲイとはホモのことでしょうか。よくわからなかったのに「わかった」なんてつぶやいてしまいました。偏見とかそういうのはないつもりなのですが、まだ息子がゲイであることを受け入れることができません。情けない母です。息子はなにも悪くないのに。私にできることはなんでしょうか。どうすれば息子のためになるでしょうか。

（北海道・主婦・52歳）

A

茫然《ぼうぜん》自失《じしつ》とは、只今のあなたさまの心境を言うのでしょう。それでも、「わかった」との言葉をかけて差し上げることができたのは何よりでした。母親の落胆する姿を思い浮かべて、ご子息はどれほど悩んだことでしょう。

それでも勇気をふりしぼり、打ち明けたご子息の正直さを誉めてやってください。母親の前では決して嘘をつく人間でありたくないという、その純粋な心を、わが息子ながら見上げたものよと誇っていいと思います。

ご子息は同性の男性を好きになっただけで、誰かを傷つけたり、モノを盗んだり、騙したりしたわけではありません。好きになって愛したのが同性の男だったにすぎないのです。

世の中には、ゲイであることをカミングアウトしている著名人はいくらでもいます。もはや社会はゲイを容認し、受け入れているのです。

あなたさまの役割は、ご子息が人生のどんな時でも笑顔でいてくれることを祈ることに尽きます。いつか安息の場所に暮らしている息子に向かい、「よかったね」と心の底から伝える日がくることを信じましょう。まさかウチの息子に限ってと思っていたのに、などと力を落とさないでください。息子が他人さまのお嬢さまを妊娠させるような過ちを犯さないでよかった、と気持ちを切りかえましょう。

ご承知のように、歴史を繙《ひもと》けば、信長と森蘭丸《もりらんまる》の恋物語に見られるごとく、「男色《なんしょく》」は決して奇異なことではありませんでした。英雄色を好むといいますが、その性愛の矛《ほこ》先《さき》が同性の男に向けられることもしばしばだったのです。

元禄《げんろく》時代に幕府が作成した「性生活調べ」というべき史料のなかには、全国二百四十三大名のうち「男色藩主三十七名」と記されているほどです。

それまで庶民の間でも一般的だった「男色」が、倫理、道徳にもとるものとしてわが国で禁じられるようになったのは、明治に入り、広く容認されるようになったキリスト教がもたらした「純潔」や「愛」の概念によるものです。

心得ておくべきことは、歴史には永久にあてはまるモラルの物差しというものはありえないということです。ひと昔前にはできるだけ子供をつくることの性愛が「善」であった時代を知れば、特に性モラルというものは道徳律のなかでも一番変わりやすいものであることを理解できるのです。個々の人間の性愛の好みも、絶えず変わっていきます。

女性を征服することで性の快感を覚えていた紳士が、時として縄でグルグル巻きにされて四つん這《ば》いとなり、挙句、尻の穴に打ち上げ花火を挿入され、一発打ち上がる都度に女王さまのバラ鞭《むち》を頂戴して喜悦《きえつ》の声を上げる様を見せることもございます。

ある男性は突然、それまでの痩身《そうしん》貧乳好みから巨乳以外の女性に目もくれなくなり、あるヒール役でならしたプロレスラーは祖母の溺愛《できあい》が忘れられず、年配者の、それもベッドで横たわる要介護老婦人にしか萌《も》えず……となり、ある極道組長は懲役から帰って以来、制服姿の女看守の奥方に夜毎《よごと》犬のように飼われることに溺れています。

人間の性愛の世界は男色のみならず、万華鏡《まんげきょう》のように極彩色《ごくさいしき》に彩《いろど》られているのです。

そうしたなかで、誤魔化しのない本音で生きるご子息の人生を祝福することを、誰に憚《はばか》る必要があるでしょうか。

嫌いなものはいくら言われてみても好きになることはできず、好きなものは誰がなんと言おうと変わらず愛さずにいられないのが「人間だもの」でございます。

忘年会で上司に暴言をはいてしまった

Q

「今夜は無礼講《ぶれいこう》」。その言葉を信じたわけではないのですが、忘年会で上司に文字通りの「無礼講」をしてしまいました。酔っていたとは言え、「あんたはいい上司を演じてるだけやねん」「言うほど仕事できてへんから」「あんたの嫁、ひょう柄好きやろ？」など覚えているだけでも数々の暴言をはいてしまいました。翌日、謝罪メールを送りましたが、返信はなく、いま、会社で挨拶しても無視されています。私が悪いのです。でも、やはり、上司はケツの穴が小さいと思われ……。

（大阪府・ＯＬ・35歳）

A

なにもこんなところでこのタイミングで、と悲しくなるようなことをやらかしてしまうのは、上司の前でのスカシ屁《へ》ばかりではないようです。

酒グセの悪さは時として命取りになることがありますが、上司への悪態ぐらいでおさまったなら可愛いものです。

酒グセの悪さが致命傷となった知人の男がいます。この男、普段は温厚で人当たりが良く、ニコニコと笑顔をたやすことがないのでしたが、一杯酒が入った途端に豹変《ひょうへん》し、「矢でも鉄砲でも持って来い」の怖いモノ知らずになるのでした。

ある日この男、酔った勢いで車を運転し、あろうことか都内一の繁華街を見守るS警察署に突っ込みました。驚いて出てきた警察官に向かい、「何か文句があるか」と啖呵《たんか》を切ったのです。男はたちどころに酒気帯び運転及び建造物損壊の現行犯で逮捕されました。

一カ月経っても保釈されずに、心配になりS警察署に事情をうかがいに出向きました。すると、応接した担当刑事は「戦後このかた、わがS警察署は殴り込みを受けたことは一度もない。署の名誉にかけても、あの太い野郎をそう簡単に出すワケにはいかぬ」と凄《すご》まれました。

ようやく男が保釈されたのは、逮捕されてから約八十日後でした。

酒グセの悪さは少々のお灸《きゆう》ぐらいで直るものではありません。数年後、男は繁華街の一角でドブに嵌《は》まり、倒れているところを通行人に発見され、救急車で病院に運ばれましたが、四カ月後、意識不明のまま天国に召《め》されていきました。

斯《か》くのごときに、酒グセの悪さは所構わずの放屁《ほうひ》グセと同じく、評価されるところは一つもありません。

「酒の席は無礼講」などとよく言いますが、この「無礼講」ほどアテにならないものはないのです。なぜなら、上司にとって酒の宴《うたげ》は部下の自分への忠誠心を推し量る場所であるからです。そうした場所であることを弁《わきま》えている部下は、酒の席であればこそ上司に気を遣い、心地《ここち》良《よ》さを届けようと腐心し、努めます。

上司との酒の席は、普段、上司が気がついていないあなたさまの魅力をアピールする場や、欲求不満を上司にぶつける所ではないのです。人間は褒められたい欲望に飢えています。自分を称賛してくれる声が、死ぬほど欲しいのです。

上司との酒の席は、そうした「人に褒めてもらいたい」上司の欲望を満たしてやる場なのです。

人は誰でも自分の存在に絶対的な自信を持っているものではありません。

特に人の上に立つ人間は、部下からどう思われているかの不安に蝕《むしば》まれています。上司との酒の席は、そうした揺れる心に、あなたさまのお世辞で甘美《かんび》なる戦慄《せんりつ》を引き起こす場だと承知してほしいのです。

それをどう勘違いしたのか、思い上がって毒舌をものにしたとは、なんとも傲慢《ごうまん》なことでした。

バーテンダーをやっていた時に上司のチーフから、「俺たちは色のついたキ○ガイ水を売っている身なのだから、何があってもお客に逆らってはいけない。右の頬を叩かれたら左の頬を差し出せ」と、イエス様になるがごときを厳しく仕込まれました。

上司との酒の席にはこの精神で臨まれてください。このたびのことでは、これから一年、毎日欠かさず謝罪メールを送り続けることです。それでも和解に至らなければ、最後に「ＥＮＤ」を送り、終わりにしましょう。

仕方がありません。未来永劫《えいごう》に謝ることなどできないのが「人間だもの」でございます。

浮気相手にサヨナラが言えなくて…冬

Q

妻はブスです。だからというのも失礼ですが、気を遣わずに自然体でいられます。でも、それではもの足らず、三年前、うんと背伸びをしてしまいました。若くて美しい女性との浮気。幸せでした。この先もこの関係が続きますようにと神様にお願いしたこともあります。いまはどうかと言えば、ふくらはぎが痙攣《けいれん》中。浮気相手に「グッドバイ」と言いたい。でも、言えない。神様、我、疲れたり。自宅待機を命じてください。

（兵庫県・会社員・41歳）

A

あれほど陶酔し、性愛に貫かれて豪華絢爛《けんらん》だった刻《とき》が歳月を経て、季節はずれのクリスマスツリーを見るごとくに虚《むな》しく思われてくることは誰しものことです。

そうした人の世の習いを、あなたさまは承知なされていても、相手女性にとっては「裏切り」以外のなにものでもありません。あなたさまはそこを、どう関係を断ち切ったらいいのかと悩みを深めていらっしゃいます。

が、失礼を顧《かえり》みず申し上げれば、早漏《そうろう》男性が腰を目いっぱいにつかって動きながら「どうしよう、イッちゃう」と訴えているさまに、手前どもには見えるのです。

イッちゃう、なら腰の動きを止め、ただジッと静かにしていればイかずに済むのに、でございます。

そうした当たり前のことを実行なされずに、「イッちゃう」のごとき「浮気相手との関係の切り方」のお悩みは、世迷《よま》いゴトと言わざるを得ません。

これまでお吐きになってこられた甘い睦言《むつごと》がアダとなり、「別れてほしい」と言えずにジタバタなされておられるのですが、いい人と思われながら上手く別れる手立てはないか、との虚栄心を捨てきれずに「裏切り者」となじられるのが怖いあなたさまは臆病者でいらっしゃいます。

しかし、相手女性からそうした怒りを買うことを恐れていては、別れることはおぼつきません。もうやめたい、を実践なされるなら、多少の向こう傷は覚悟なさらないといけませぬ。

「人々がえらく感心する徳は二つしかない。勇気と気前の良さである」と言います。男女関係の腐れ縁を断ち切るのに勇気を失えば、あとは「手切れ金」あるのみです。いままで申し訳なかった、これで許してほしいとたじろぐほどの大金を相手女性にお渡しし、縁を切られることです。

問題は会社員のあなたさまにその甲斐性《かいしょう》があるか、ということです。望み薄、となれば仕方がありません。

ロクデナシになられて、いかにあなたさまの正体が実のところは相手女性に相応《ふさわ》しくない見下げたクズ男であるか、に変身なされてください。

相手女性に「お金を貸してほしい」と頼みましょう。理由は、会社の金に手をつけたとか、ビギナーズラックに嵌《は》まって競輪競馬のギャンブルに狂ったことになされればよろしいでしょう。

あるいは、お人好しにも会社経営をしている友人の借金の保証人となり、その友人が自己破産をして行方不明となり、自分が肩代わりをしなければならなくなった、といったありきたりの嘘でもかまいません。

ありきたりがゆえに信憑性《しんぴょうせい》があり、説得力が生まれます。そして土下座をして、この先のお先真っ暗の自分の人生に君を巻き込みたくはない、と涙ながらに訴えるのです。加えて、古典的方法として、ストレスがたまったために所かまわず脱糞《だっぷん》する症状を発症した、というやり口もあります。

彼女と同衾《どうきん》している布団《ふとん》のなかで、パンツのなかのテンコ盛りのソレを見せつけるのです。これらの嘘は、あとで嘘とわかっても、「そこまでして別れたかったのか」と相手女性を呆れさせるエゲツなさが肝要です。

愛し合わなくなった相手と手を切ることは、恋を成就《じょうじゅ》させるより何倍も難しいものですが、口にしてはならないことがあります。他に好きな女ができたから、です。このセリフを言った途端、別れることは絶望的になります。なぜなら、愛が死んでも嫉妬心《しっとしん》は不滅、なのが「人間だもの」でございます。

勇気を出して、逆プロポーズ

Q

告白されて七年。「おつきあい」をして六年が経過（ここ半年は〝交わり〟ゼロ。なめてんのか？）。私もそろそろ結婚適齢期。自分からは言いたくなかったのですが（あんたが言えや！）、先日、意を決して「結婚、せえへん？」と切り出しました。彼はポカンとして、こう言いました。「結婚しても、うまくいくイメージが湧かない」。別れたほうがいい。そう思っているのに、まだ決断できずにいます。いまから結婚相手を探すのは大変だし、人柄がよく穏やかなところは気に入っているので。

（大阪府・ＯＬ・30歳）

A

「お突き合い」をして六年も経てば、切なく燃え上がるあなたさまの「女心」をお相手の彼は汲《く》み取って然《しか》るべきでございましょうに、「結婚しても、うまくいくイメージが湧かない」などの痴《し》れごとを吐かれたとは、なんと無慈悲なことでございましょう。

「うまくいくイメージが湧かない」とは「結婚の相手」と考えるほどには愛していない、とのメッセージでございます。

夜毎《よごと》あれほどに人でなしのポーズをとらせ、飽きるほどに貪《むさぼ》っていながらどの口が言う、でございましょう。

それでもあなたさまは、健気《けなげ》にも「人柄がよい」との未練を口になされておられるのですが、手前どもから言わせれば、野郎はあなたさまの気持ちを理解して幸せにしてやろうという優しい心を喪失した、薄情者でございます。

しかしながら、惚《ほ》れた弱みでございます。いくら冷たい男と頭の片隅でわかっていても、別れ話を切り出すほどには割り切れないのが「女心の悲しさ」でございます。

さすれば仕方がありません。人を騙すことは好ましいことではありませんが、既成事実を蓄積し、結婚に持ち込むという手段をとられてはいかがでしょう。

手前どもの女房ドノは、ある時からまぐわいに際し、避妊具なしでの中出しを求め、事後はすぐに逆立ちをするようになりました。

逆立ちの意図は、当然のごとく「妊娠を容易にするために」でございます。憎からぬ相手女性にそこまで求められては、心地《ここち》よさが募るというものです。互いがムキ出しの「惚れて惚れられる」行為を積み重ねることとなり、妊娠、結婚へと昇華したことは言うまでもありません。

彼が、「危険だから中出しは嫌だ」と拒まれるようでしたら、「安全日だから思う存分に楽しみたいの」と、彼をたぶらかしてください。

それでも回避なされるようでしたら、「万が一に妊娠することがあっても、子供は私が育てるから心配しないで。結婚であなたを縛るほど私は落ちぶれていない」とのタンカを切られるのもよろしいでしょう。

あなたさまの我儘《わがまま》と思えるこうした行為を彼が受け入れてくれたなら、まだあなたさまを愛していると考えて差し支《つか》えないと存じます。

あなたさまは「いまから結婚相手を探すのは大変」とのお考えのようですが、間違った認識をお持ちです。お子さまを授かることを前提に考えても、まだ十年の時間の余裕はございましょう。

それほど好きな彼との関係を、たとえばあと五年と期間を決められて、その間に結婚に至るようにいろいろと工夫を重ねられることをおすすめします。

それでも叶わぬなら、あなたさまの人生の時刻表から潔《いさぎよ》く抹殺しましょう。

好かれてもいない相手にいくら思いを寄せても、私たちの寿命と同じくどうにもならないのが恋愛です。

彼が結婚を逡巡《しゅんじゅん》なされているのは、いまどきの青年にありがちな「面倒くさいことは苦手だ」との性癖が災いしているかもしれません。

そうした壁を乗り越えるには、結婚に関して面倒と思えることは一切あなたさまが引き受けて、彼に負担をかけないことを宣誓なされることも効果的かもしれません。

ご心配は無用です。結婚して子供を授かれば、あっけないほどに立場が逆転し、奴隷のようにかしずくことになるのは、人間のオスの絶望的ともいえる宿命ですから。

愚者を満足させることに骨を惜しんではならないのが「人間だもの」でございます。

新人を叱ったらスマホで録音された

Q

私が新入社員のころは「バカ」「死ね」は当たり前の時代でした。いまは「このハゲ〜!」と怒鳴った時点でイエローカード。下手したらレッドカードで退場です。私も気を付けていたのですが、つい先日、入社二年目の新人に、「ちーがーうだーろーっ! 違うだろっ!」と怒鳴ってしまいました。仕事では機転が利かないのに、こういうことには機転が利くらしく、スマホをかかげ、「録音しましたので」とボソリ。ふぅ。ふぅ。ふぅ。深呼吸しても怒りがおさまりません——。どう叱ればいいのか。

(東京都・会社員・43歳)

A

仕事をしない部下を叱ったら、逆にパワハラだとキレられては、たまったものではありません。あなたさまのやるせない気持ち、お察し申し上げます。

どう叱るかのお尋ねでございますが、私ならそんな部下はハリ倒して即刻クビにします。なぜなら、一生にたった一度、女優さまが命をかけて演じるエロティシズムを切りとる仕事を請け負《う》っているからです。

二度ない奇跡のその一瞬を撮り逃してしまえば、女優生命さえ絶たれかねない「真剣白刃取《しらはど》り」のごとき現場では「手を抜いた仕事をしたスタッフ」をタダで見過ごすワケにはいきません。

足腰が立たなくなるほどに、とは言わないまでも、二度と女優さまの前に現れることができないほどのお仕置きをします。それでこそ人生の全てをかけ、委《ゆだ》ねてくださった女優さまへの作法であると心得るからです。

肝心なクライマックスシーンでビデオカメラのスイッチを入れ忘れたカメラマン、撮影済みのビデオテープを紛失した助監督、女優さまのアクメのときに大きな放屁《ほうひ》をやらかした照明係、女優さまと張り合って現場を剣呑《けんのん》とさせたメイクアップアーティストのことごとくを「制裁」してまいりました。

近くの交番に駆け込んだ「逃亡者」は何人もいて、馴染《なじ》みのお巡りさんに「いい加減にしてほしい」とのお叱りを受けたほどです。

部下からどう思われようとそんなことは知ったことではない、ご免なさいでは済まない、真剣勝負の掟《おきて》を貫くのみでございました。

あなたさまがどんなお仕事をなされているのかは存じ上げませんが、手前どものような崖っぷちの現場とは違い、少しは余裕があるように感じられます。であれば、一度胸襟《きょうきん》を開いて部下と話し合われてみてはいかがでしょうか。その結果、ハッとするような気付きがあるやもしれません。

考えますに、その部下はあなたさまのことが嫌いなのでしょう。嫌いだからイチイチ反抗しているのです。ここは誤解を解くために、一夕酒《いっせきしゅ》を酌《く》み交わしてみてください。偉そうにならずに、「なんでも思っていることを言ってほしい」と謙虚な心で語りかけられてみてはいかがでしょうか。

相手の人間をクズと思えば、相手も同じようにあなたさまをクズと思うものです。相手が変わらなければ自分が変わるしかない「哲理《てつり》」に殉《じゅん》じてください。

部下はあなたさまのせいにしても、あなたさまは部下のせいにできない、立場の違いを明確に伝えましょう。あなたさまが上司に理解されようと努力しているのと同じエネルギーの量で、部下を理解するように努められてみたらいかがでしょうか。

このまま部下が悪いと愚痴っていてもなんら生産的なことは生まれず、やがて「同じ穴の狢《むじな》」と、一蓮托生《いちれんたくしょう》にあなたさまの指導力が問われることになりかねません。

進むも地獄、退くも地獄、の剣《けん》が峰《みね》でございます。

「俺様は上司だ」の不毛なプライドは捨ててください。たかが不届き者の部下一人を料理できずに、「俺様は上司だ」の思い上がりは噴飯《ふんぱん》モノです。

男女関係でも言えることですが、私たちがしばしば敗れ去るのは自分自身を過大評価するあまりの敗北です。

知らぬ間に自分を際限なく愛してしまう人間の特性ほど、災いをもたらすものはありません。

己の傲慢《ごうまん》さゆえに、他人の傲慢さを責めるのが「人間だもの」でございます。

私の旦那は風俗狂いのバカ男

Q

「風俗なくば立たずじゃ！」。付き合っている頃から、酔っぱらうと意味不明なことを叫んでいました。結婚したら風俗通いはやめると豪語していたのですが、あれから二年、どうやらまだやめていない様子。本当なら首をしめてやりたいと思う反面、浮気よりはましかと思うときも。いや、許してはなりませぬ。いまは妊活に集中すべき時。よそで気軽に放出している場合ではない――このバカちんが！　すみません。取り乱しました。どうすれば、風俗狂いのバカ男を矯正できますでしょうか。

（宮崎県・主婦・32歳）

A

分別のある大人である旦那さまが、結婚して二年も経つのにいまだに風俗通いとのことですが、きっと夢追い人でいらっしゃるんですね。奥方と違い、体を許しても心は許さない風俗嬢につながりを求めても、残るのは砂を噛むような侘《わび》しさだけなのですが……。

ただ、そのことを問い詰められても、否定されればそれまでのような気がします。そうした無益なやり取りに時間を費やすよりも大切なことは、願われている妊活を「性交《せいこう》(成功)」に導かれることにエネルギーを傾注されるべきでは、と考えます。

怒りにまかせて旦那さまのネクタイを引きちぎり、頬にカッターナイフをあてるのは次の段取りにしてください。ここは赤穂《あこう》浪士の心境となって、本懐を遂げるまでは「耐え難きを耐え」て欲しいのです。

まず、あなたさまが何を考えておられるのかをキッチリと伝えることから始められてはいかがでしょうか。

「風俗通いとの噂がありますが、私にとっていま大切なのは、大好きなあなたの子供をお腹に宿すことです。まずそのことを最優先にして励んでほしい」と訴えられてください。

子供を授かったなら、「あなたが何をしようと自由にしていい、私はとやかく言うつもりはない」との器量を見せられるのです。

愛人ではなく、金銭で割り切れる関係であることは救いです。斯《か》くなる上は、好きなものを全部奪ってしまう荒療治に走るのではなく、課題をクリアすればご褒美をあげる。旦那さまの前にニンジンをぶらさげるのです。

なぜそこまでへりくだらなければならないのか、とやるせない思いをなされるかもしれませんが、旦那さまのような定まらぬチ○ポを選んだのは、あなたさまでございます。自らまいた種を刈り取る責任はある、とここは耐えてください。

お話を伺った限りでは、旦那さまは精力絶倫のようです。軌道修正なされれば、夜毎《よごと》馬車馬のように励まれて、妊活もうまくいくように考えます。

めでたく妊活が成功した暁《あかつき》には、そこから先はあなたさまの不満を好きなように爆発なさってください。

「今度風俗通いをしたらチ○ポを切り落とし、ユッケにして食べてやる」ぐらいの果たし状を叩きつけても構いません。「得るものを得れば何《なん》にも怖いものはない」は、世の奥さま方が歩まれている道を見れば明らかです。あとは好きなだけ、「男のクセに、甲《か》斐性《いしょう》ナシ」といくらでもご亭主に鞭《むち》をふるわれてください。

自分がこんなに苦労しているのに人の気持ちも知らないで、と腹立たしく思われているることでしょうが、実際に旦那さまが溺れている風俗嬢には、高い金を払っていても必ずしも性格も体も合うとは限らず、楽しくも気持ち良くもなく苦しいだけ、というケースがほとんどです。ただ、他に達成感を見出《みいだ》すものが見つからず、惰性で通っているに過ぎないのです。

お子さまを授かることで、旦那さまの空虚だった心の穴をきっと埋めることができましょう。「子はかすがい」の存在によって、巣に帰る働き蜂のように、仕事が終われば一目散《いちもくさん》に家に戻る旦那さまに変身させることができるのです。

風俗遊びを完全に防ぐ手立てがないなかで止めさせるには、旦那さまをサンドバッグのように叩いても埒《らち》が明きません。

旦那さまに、約束を破ったら大切なものを失うことをわからせる日が来るまで、辛《つら》くとも悔しくとも、臥薪嘗胆《がしんしょうたん》の日々を重ねて、ようやく「天からの授かりものの幸せ」にあやかることができるのが「人間だもの」でございます。

遺伝子にこだわって結婚できない

Q

昔から女にモテます。モテて、しまうのです。が、まだ結婚はできません。理由は簡単。私が〝遺伝子〟にこだわってしまうから。「リレーの選手だった？」「お父さん、どこの大学？」「お兄ちゃんの身長は？」「お母さん、毛が濃くない？」「親族の死因は？」などなど、付き合いが深まれば深まるほど、質問もどんどん際どいものに。結婚願望は強いのですが、これでは結婚など夢のまた夢。監督、こだわるべき遺伝子はどれなのか、ひとつだけ教えてください！

（神奈川県・会社員・47歳）

A

男は一回の射精で数億個の精子を放出します。

一般的な男性の生涯の射精回数は一万回と言われています。単純に計算すると、私たちは父親が数兆個放った兄弟のなかから選ばれてこの世に誕生しました。ナポレオンやシーザーはいうに及ばず、信長、秀吉、家康と比較しても一歩も退《ひ》く所以《ゆえん》のない、いわば「選ばれし者」なのです。加えて私たちには人類の誕生以来、数百万年に及ぶ系譜の祖先が存在します。

祖先のなかには人類史の彼方《かなた》に消えていったにせよ、その時代においては歴史の教科書に記録されていなくても、人々の尊敬を浴びた偉人、英雄と呼ばれた人物がいました。あるいは手前どもが足元にも及ばない好色漢や詐話師《さわし》、裏切り者、盗賊といったおぞましい面々もいたでありましょう。

罪を犯して裁きを受けて刑場の露と消えた悪党の先祖もいれば、世のため人のために命を捨てることを厭《いと》わず、自ら犠牲となった正義の人もいたのです。

また、系譜をたどれば、どれほど男を虜《とりこ》にしたかわからぬ床上手《とこじょうず》の絶世の美女や、男なら相手かまわず股を開く淫乱気質の娘や、操《みさお》を守って生涯一人の男に殉《じゅん》じた貞女もいたでありましょう。

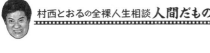

そうした人間博物館のような様々な人物のＤＮＡが、私たちに刻まれているのです。明治初期に整備された戸籍台帳でたどれるご先祖は、せいぜい五代までございますが、その裏には数えきれないほどの無数の祖先が鎮座されているのを知ります。

こうして考えれば、単純にお相手の女性の近い親族の遺伝子だけを云々《うんぬん》することはバカげていることがわかります。私たちは誰でも、奇跡的に数兆分の一の確率でこの世に生まれてきた驚異の存在です。

相手の女性もそうなのですから、こだわるべき遺伝子などひとつもないとお考えになってください。

私たちの祖先は、ただいまのコロナ禍にも増して、戦争や飢餓、疫病や自然災害といった人類滅亡の危機を乗り越えて、今日の繁栄を築きました。

ノーベル賞級の脳をもってしても、歌舞伎役者顔負けの男前であっても、金銀財宝に囲まれた大金持ちであろうと、どうにもならない困難な厄災に見舞われてきたのです。そうした、逆境にあっても決して屈することがなかった人間の強靭《きょうじん》な生命力を支えてきたものは何であったでしょうか。

もうこれで終わりだと諦《あきら》めかけたその時でも、「なんとか必ず助かるに違いない」と想像する力によって、最後の最後まで希望を捨てることがなかったからです。

この「想像する力」は人間に与えられた偉大な能力です。

スパコンの「富岳《ふがく》」は世界一を獲得しましたが、将来、私たち人間がその数百数千倍の能力を持つといわれる量子コンピュータを手に入れることができても、この想像力を創造することはできません。

想像力とは、死の絶望を知る人間だけに与えられた才能です。

死を知る人間を構成している六十兆個の喜怒哀楽の感情を持つ細胞がスパークして、想像力は生まれます。時にそれは「直感」として結晶し、表出します。この「直感（インスピレーション）」こそこだわるべきことです。

相手を純粋に好きだ、という「直感」を大切にされてください。

結婚はいまそこに咲く満開の花を切り花として終わらせるものではなく、種を蒔《ま》き、土をくべ、水を加え、太陽の光を照らし、いつくしみ育ててこそ大輪の花と咲くのが「人間だもの」でございます。

文句があるなら「食うな！」

Q

料理にうるさい夫に、腹が立っています。「味が薄いなあ」「焼きが足りない」「素材を殺してる」「べちゃべちゃ」「色が汚いね」「順番が違う」「味見した？」など、毎晩のようにひどいことを言います。「じゃあ、食うな！」と言いたいのですが、言えません。「出てけ！」と言われると困るのは私だからです。帰る家もないし、お金もないし、若くもないし。夫への反撃方法、教えてください！

（静岡県・主婦・38歳）

A

それぞれの家庭には、他人からは窺《うかが》いしれない事情があって苦労を強《し》いられるものですが、あなたさまもまた、大変辛い思いをなさっておられるご様子、お察し申し上げます。

昔は、イチイチ恋女房の手料理に文句をつけるご亭主は少なかったように思うのですが、テレビに氾濫《はんらん》する食リポ番組の影響でしょうか、奥方の料理に注文をつけることがトレンドと勘違いをなされて、一端《いっぱし》の食通を気取っておられるのでしょう。

ならば一度ご亭主に、「あなたの得意な料理を作って食べさせて。教えてくださったら、きっと私の得意料理にしてみせるから」と甘えられてはいかがでしょうか。

あるいは、「お気に入りの料理を出すお店に連れて行って。そこでどんなものがあなたのお口に合うのかお勉強してみたいの」とオネダリをなされてみてはいかがでしょうか。

そうしたことで、突破口がなにか開けるように思うのです。

「つべこべ言わずに、俺の言ったとおりに作っていればいいんだ」、あるいは「贅沢《ぜいたく》言うな、外食でもしなければ亭主の気に入った料理を作れないのか」との怒りを買うことになるかもしれません。

さすればご亭主は文句を言うだけで、あなたさまを自分好みの料理を作る料理上手に仕立てよう、との思いも優しさもない、とご判断なされて差し支《つか》えないでしょう。

そうとわかればあとは簡単です。ご亭主は「ナンクセ病」にかかった病人と考え、介護のお気持ちでお付き合いなさればよろしいのです。料理に不満を述べられても、「病気が言わせているのだ、可哀そうに」と鷹揚《おうよう》に構えてください。

たまには鼻クソを隠し味に混ぜるのも、精神衛生上効果的かと存じます。

世の中にはギャンブルや女好き、大酒飲みの酒乱といった悪癖で、奥方を疲労困憊《こんぱい》させているご亭主がゴマンといます。

比べて「料理がマズイ」のご亭主など、何ほどのこともないでしょう。

結婚前にベッドの相性は確かめられても、「手料理の相性」は確かめられないものです。「ナンクセ病」のご亭主に音《ね》を上げて別れていては、何度結婚しても幸せを摑めません。

子供の頃、その日暮らしの傘直しの行商の父親から、わが母は一日五十円のオカズ代しか貰えませんでした。

一度でいいから、一週間分の三百五十円を貰って子供たち三人に腹イッパイ、大好物のカレーライスを食べさせてやりたい、と母親は父親に懇願しました。説得に成功し、母親が作ってくれたカレーライスを食べて、家族五人は一週間を過ごしました。あの時食べたカレーライスの味を、いまでも忘れることができません。

あなたさまは幸いにも、「ナンクセ病」にかかったご亭主に毎日お料理を作って差し上げる経済的余裕があるようでございます。

たとえ相手が重篤《じゅうとく》な「ナンクセ病」にかかったご亭主であっても、あなたさまにはこれからも、面倒くさいとなって料理の手を抜いてほしくありません。面倒くさいは、ナンクセ以上に最も忌《い》むべき人間の悪癖です。

報《むく》われないとわかっても、精進《しょうじん》なされておいしい料理を作る、それこそがあなたさまの持ち味です。相手が駄目だから、と怠惰《たいだ》な道を選んでほしくありません。

気持ちよく食べない女性と結婚するな、と言います。また、気持ちよく食べない男と結婚するな、はご案内のとおりなのでございますが、怠惰に堕《お》ちた人間には決して幸せが舞い降りてこないのが「人間だもの」でございます。

パンツ買っても、出世せず！

Q

「もう離婚だ！」と先日、女房に言ってしまいました。言って、しまったのです。妻には「願ったり叶ったりよ！」と鼻息荒く言い返される始末。それから、女房と一言も話をしておりません。私はシンプルを好みます。けれども、女房が柄物《がらもの》のパンツばかりを買ってくるのです。結婚して三十年、黙って従ってきたのですが、女房が突然、「パンツ買っても、出世せず！」と吠《ほ》えたのです。それで、私も、つい、吠えてしまったわけなのです……。

（長野県・会社員・56歳）

A

他人様《ひとさま》から見れば犬畜生《いぬちくしょう》のような恥知らずな行為をなされて、同行二人となったご夫婦なのに、パンツの柄模様ごときで諍《いさか》いとなり、離婚を口になされているとは、なんと罰当《ばちあ》たりなことでしょう。

先人は「理想の夫、理想の妻を得ようとするから失敗するのだ」との言葉を遺《のこ》されておられます。これから先は、のべつ幕無《まくな》くバカバカしい口論に情熱を傾ける、といった愚かな道を選択なされずに、ここは奥方に軍配《ぐんばい》をあげられるのが賢明かと存じます。

結婚はあなたさま一人ではできないから、あなたさまは奥方を娶《めと》られました。その道を選ばれた以上、何かを得るためには何かを捨てなければならないとの諦観《ていかん》を持たれ、奥方に逆らうことなくこれまで三十年歩んでこられた結婚をまっとうなされることをオススメします。

なぜなら、泣く子と奥方を相手に闘いを挑んで勝利を収めた亭主を一人も知らないからです。

結局のところ、「結婚」というくじを引いてはみたけれど、ハズレだったという喪失感の深さは、自分が蒔《ま》いた種のあなたさまより、信じて朝晩の水やりと、欠かさず栄養分補給に努めてきた奥方のほうが、より大きいということでございます。

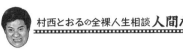

手前どもの家庭では、ここのところ夫婦の会話が成り立たず、七歩も進めば裏口に出てしまうウサギ小屋のような家にいながら、もっぱらスマホを使ってのメールで交信を行っております。

なぜなら、女房ドノがご立腹なされているからです。

ＮＥＴＦＬＩＸで『全裸監督』が世界百九十カ国に配信され、話題となりました。モデルとなった手前どもも一躍脚光を浴びることになり、アチラコチラに顔を出すことが多くなりましたが、女房ドノはそれが気に入らないのでございます。

「おとなしく家でジッとしていて頂戴よ、いい気になって飛び回っているけれど、目立つのは家族にとっては大迷惑なのよ。今度は何をしでかすのかしらと、心配で夜も眠れないの。アンタが売り文句にしている前科七犯、借金五十億、夫婦でＡＶに出演してきました、のどこが自慢できるというのよ。一般の人から見たら全部〝人でなし〟の所業よ。このまま調子に乗っていたら、私は何をしでかすかわからないから覚悟しておいてよ、私だって出来心でＡＶ女優になった女なんだから」と手厳しいのでございます。

昨年の九月で七十二歳となりました。普通なら石磨き、庭イジリに精を出し、孫の世話に余生を送っている立場なれども、家族のためになんとかもう一花咲かせたい、と粉《ふん》骨砕身《こっさいしん》頑張っている身に、容赦ない石の礫《つぶて》なのでございます。

男が戦場から戻り、鎧《よろい》を脱いでくつろぐ場であるはずの家庭が、針のムシロとなっているのでございます。

こうした手前どもがさらされている境遇の辛さと比べたら、あなたさまの柄物パンツの騒動など、ファンタジーでございます。

上を見るからわがままが出るのです。

『全裸監督』の本（太田出版刊）の帯に、「人生、死んでしまいたいときには下を見ろ！おれがいる。」とあります。

結婚前は両目を大きく開いていても、結婚してからは目と耳と口を固く閉じ、伴侶の道をまっとうするのが、仲良し夫婦の「人間だもの」でございます。

娘の足が太いのは、義母のせい

Q

小学四年生の娘が「足が太い」と悩んでいます。たしかにむっちり体形ではあるのですが……。「リレーの選手になっても嬉しくないもん。ほら、みてよ、筋肉がついただけだもん！」と怒りながら、太腿《ふともも》をバンバン叩くことを繰り返しています。娘の体形は、実は、私と折り合いの悪い義母譲り。「文句があるなら、ばあばに言え！」と叫びたくなるのですが、なんとか踏み留まっております。絶対に口にすまいと思っているのですが、いつまで我慢できるのか自信がありません。

（山形県・主婦・46歳）

A

お嬢さまは多感なお年頃ですから、なにかとご自分の容姿に敏感になられておられるのでしょう。が、その体形は目覚ましいほどに変わるものです。中学、高校へと上がるにつれて、まるであなたさまと瓜二つのような、別人のような容貌を手に入れることになるやもしれません。

ゆえに、お嬢さまの一言半句《いちごんはんく》にいちいち激しく反応なされることは控えられたほうがよろしいかと存じます。

この年代の年頃の少女は、何にでもなれるとの夢を持ちつつ、なにものになっていいかわからぬ心の不安定さを抱えて、世迷《よま》いゴトを口にするのが常でございます。

いずれ大人になったら、ムッチリ体形で健康であった日々がどれほど宝物であったかに思いあたる日が来るでありましょう。

手前どもは女性の容姿を糧《かて》としているエロ事師《ごとし》でございますが、自らの努力や鍛錬の成果でもない、親譲りの己の美貌を、他人を見下すように威張り、勝ち誇っている女性と遭遇します。

宝クジに当たったようなラッキーを手にして、そんなに満足かと心のなかで軽蔑しています。玉磨かざれば光なし、と言います。

お嬢さまには、変えられないことよりも、いくらでも変えることができる心の世界を磨くことの大切さへの気づきがあるように導かれてください。

誰だって素知らぬフリをしているけれど、皆心のなかにはそれぞれが誰にも言えない傷やコンプレックスを背負って生きているものなのですから。

また、あなたさまの義母への感情は、尋常ならざるものがあるようでございますが、義母は所詮《しょせん》他人でございます。義母と恋に落ちて結婚したワケでもないのですから、折り合いが上手くいかないのは当たり前でございます。

ただ、そうした「よくある」ことに絡《から》めとられ、徒《いたずら》に感情をすり減らしていては、野心が足りなさすぎでございます。あなたさまの人生を、義母との戦いに疲弊するようなくだらないものにしてはいけません。

ここはAV男優の知恵に学んでください。

一流のAV男優は、相手がどんなタイプの女性であっても、闘いの場にあっては勃《ぼっ》起《き》不全に陥《おちい》ることがありません。なぜなら、彼等は「空《くう》」の世界に遊んでいるからです。目の前の女性の美醜《びしゅう》など何も見ることがないのです。見ているのは、自分の心のなかにあるセクシーポイントだけでございます。

相手の女性の性格の悪さや容姿の欠点、感度の不具合などまったく外界のことでございます。頭のなかにあるのは初恋の人の面影であったり、好きな女優やお気に入りのエロ小説の文言《もんごん》やAVであったり、そのことを考えるだけで興奮し、ヘソ下三寸のスティックが怒張《どちょう》し、下腹を小太鼓のように打ってやまずといったセクシーストライクゾーンのことばかりでございます。

さすれば撮影スタジオの白壁や床の木目を見ていても、ソソリ勃《た》ち続けるのでございます。そこに存在していても存在を滅する、あなたさまにおかれては、義母との関係性においてもこうした境地に到達なされますことをご提言申し上げます。

旦那さまはご両親のお陰でこの世に生まれ、愛するあなたさまと結婚できました。あなたさまが死んだときにはその子供の世話になります。いわば借りばかりといっていい人生を生きるあなたさまが、幸福になるためにできることは「許すこと」以外にないのが「人間だもの」でございます。

引っ越しができないコワ〜い理由

Q

引っ越したいのですが、なかなか引っ越せません。いい物件がないのではなく、彼女がうるさいのです。水回りがボロ、日当たりが悪い、収納が少ない、壁が薄い、湿気が多い——とかではなく、「いるよ」というのです。「でるよ」ではなく、「いるよ」と。多くは聞かないでください。僕はまったく霊感がありませんが、「いるよ」と言われて、「つべこべ言わずに俺についてこい！」などと言えるでしょうか。監督、怖くなってきました。彼女が……。

（京都府・会社員・40歳）

A

「いるよ」と言う女性が、あなたさまの傍《そば》にもいらっしゃいましたか。手前どもの親戚の女性にも、同じように「いるよ」と言って憚《はばか》らない人間がいました。

彼女は三十歳を過ぎたばかりでしたが、独身でした。

地方の公立大学を卒業し、上京後は外資系の会社に勤務しました。収入も容姿も問題なく、なんの不足もなく人生を満喫しているように思えた彼女ですが、会うと、この「いるよ」を放ってくるのでした。

「いるよ」とは、自分には他の人には見えない人間の存在が見える、という意味です。「いるって誰がいるの？」と尋ねたことがありましたが、「長い髪をしたお婆ちゃんが立っている」と言うのです。

「勃《た》っている」のは「足の付け根のはずだけど」とまぜっかえそうとしましたが、あまりに真剣な表情なので気の毒に思い、「たとえ〝いても〟自分だけの心のなかにしまっておきなさい」とアドバイスしました。

彼女は元来素直な性格の持ち主で「ハイ、わかりました」と、その後は「いるよ」の話はしなくなったのです。

が、親戚の別の人間に訊くと、相変わらず「いるよ」と言いふらしていることを知りました。

彼女の父親にはお世話になっています。ここはお節介を焼いても恩返しをする機会だと彼女を呼び出し、話をすることにしました。

「いるよ、と君は特別な霊感を持っているようだから、相談したいことがあるんだよ。オジさんはもう年だから、別の仕事をしようと思っているんだけれど、どんな職業を選んだらいいか悩んでいるんだ。いるよ、の君には見えるはずだから、どうか家族の運命も君に預けるから、頼むよ」とお願いしたのです。

すると彼女は急に俯《うつむ》いて、「そんなことできません」と涙ぐんだのです。

「見えるけど、それが絶対にそうだとは言い切れないから無理です」と言うのでした。彼女は嘘をついていたわけではないのでしょう、ただ親切なオジさんの家族の運命まで担《にな》うようなことはできない、と葛藤《かっとう》に苦しんでいたのです。

彼女に伝えました。

「頭で感じたままのことをそれぞれの人間が好き勝手に口にしていたら、この世の中は混乱してしまうよ。たしかに君には見えるかもしれないけれど、言われた人間がショックを受け、人生を棒に振ってしまったら、君はどう責任をとるつもりだい。だから真実とはいえ、軽々しくその人が傷つくことを口にしてはいけないよ。

オジさんは、自分の口は他の人間を褒める人類史上最多の言葉を放つ口でありたいと常々心しているんだ。だからいつだって、〝ナイスですね〟を忘れない。君も何か言葉を発するときは、相手の心が愉快になる言葉だけを選ぶように心がけて」

手前どもにはわかっていました。彼女が「いるよ、見える」と言うのは、疎外《そがい》されているわが身の「自分だけを見てほしい」との心の悲鳴であったことを。

母親を小学一年生の時に失い、父親と男兄弟五人に囲まれて育った彼女の孤独が「いるよ」と言わしめていることを、です。

その後、彼女は良き伴侶に恵まれて結婚し、一男一女を授かりました。それからは、彼女の口から「いるよ」の言葉が放たれることはありませんでした。

厚かましいかもしれませんが、自分は特別に選ばれた人間で、誰よりも意味のある人生を送るに値《あたい》すると感じられることで、ようやく心の隙間《すきま》が埋まり、エクスタシーのパノラマ以外「見えなくなる」のが「人間だもの」でございます。

「やりすぎ育休」なんて悪夢

Q

先月、第二子が生まれたのですが、旦那がいきなり、「俺、育休とるけん」と宣言しました。食い気味に「お願いやけん、とらんで！」と叫ぼうとしたのですが、「いきなり！パンチ」もなんだか悪い気がして。「とるだけ育休」を心配しているのではありません。「やりすぎ育休」になることを懸念しているのです。育児をではなく、私と……。悪夢です。男が家にいたって、ロクなことはない。ペースが乱されるだけ。「旦那の育休、いらん！　働け！」と思う私は罪な女でしょうか。

（福岡県・主婦・35歳）

A

結婚生活では、時間とともにパートナーへの「好き」と「関心」の持ち方が変わってきます。命がけで産んだ幼な児二《ご》人を抱えることとなる身のあなたさまにとって、なによりの優先順位は子供たちとなるのは当然のことです。

しかし、ご亭主はこれまでどおり、否、これまで以上に育児休暇をいいことに、あなたさまへの体の執着を強められようとしている気配を、煩《わずら》わしく思われることはよく理解できます。

二人の子育てで頭がイッパイなあなたさまを気遣う様子も見せず、育休中に朝となく昼となく、夜の営みを求めてくるに違いないご亭主を疎《うと》ましく感じられているお気持ち、お察し申し上げます。が、世間から見れば、「育休」を理由に「イタしまくられる」ことに慄《おのの》かれているなんて、なんて増上慢《ぞうじょうまん》なことよ、のレベルのお話でございます。

悩みなんぞではなく、「幸福太りの贅沢《ぜいたく》」と受け止められかねないことでございますので、努々《ゆめゆめ》このことは他言なされませぬように、とご忠告申し上げます。

お便りから察しますに、暇さえあればイタそうとすること以外、気働きをなされることのないご亭主へのご不満では、と存じます。

さすれば子育てにも似て、褒めてその気にさせることを心掛けられてはいかがでしょうか。何かご亭主が役に立つことをなされたら、必ず「凄いわ」と愛《め》で上げ、「ありがとう」のゴホウビを与えられるのです。

男は誰でも、もれなく女性以上に自惚《うぬぼ》れ屋さんでございます。褒められることが三度の飯より好きな絶滅危惧種《きぐしゅ》といってもいいかもしれません。

あなたさまが時にフニャフニャとなられた「騎上」のご亭主を「こんなの初めて」と鼓舞なされ、いい思いをされている褒め言葉を、日常的なご亭主の行動にも授けていただきたいのです。この日本で、あなたさま以上にご亭主を「凄《すご》い」とオダてあげた奥方が他に類を見ないほどに、でございます。

男は名誉のために死す、との立派な言葉がありますが、その真実は「オダてられれば木に登るどころか命を捨てることをも厭《いと》わない」というどうしようもない男の虚栄心の物語でございます。

褒め尽くすことでご亭主の横着な振る舞いが改められて、嬉々として本来の「育休亭主」の役割を果たされるようになるやもしれません。

もしそうでなかったとしても、絶望の淵に沈んでほしくありません。互いに激しく肉体を求めあう時は、そう続くものではないからです。危惧するのは、ご亭主に不用意な言葉を吐かれ、そのプライドを傷つけることです。

知人の男は女房ドノから「寝室を別にしたい」との申し出を受けて逆上し、離婚に至りました。女房ドノは単純に夫のイビキの酷《ひど》さから口にした言葉でしたが、夫は「俺を嫌いになったのは、他に男ができたからだ」とまで邪推し、大立ち回りをした挙句の離婚でした。

斯《か》くのごときに、男という小動物は、拒まれたことで「侮辱された」と感じる思考回路を持っています。このような希少動物の「性欲」を邪険《じゃけん》に拒否すれば、あなたさまの人生を厄介なものにしてしまう危険があります。

自分の夫は愛にも少しだけ多くの性欲がともなうのだとの認識で、突きの激しさに体を合わせる度量を見せていただくことを願うのでございます。

自分のほうが損をしているとの自惚れとオサラバなされることで、心地《ここち》よく生きられるのが「人間だもの」でございます。

中国人の女性と結婚、しかし

Q

中国に赴任して三年。両親には大反対されましたが、昨年、中国人の女性と結婚をしました。貧しい家の生まれですが、顔も、身体も、料理も、そしてなにより、心が美しいのです。親族がウチに遊びにくるたびに(わんさか来ます)、「おばさま、かわいそう」などと妻は声をかけます。ふと親族の顔に視線を向けると、物欲しそうに私を見ているではありませんか。どうしていいかわからず、私はお小遣いを上げてしまうようになりました。……も、も、もしかして、結婚詐欺ですか?

(蘇州市・会社員・42歳)

A

私たちは過去を知らないばかりに、ともすれば貧しい人を見下したりするのでございます。

が、蔑《さげす》みを受けた側の人間は、そのことをいつまでも忘れずに覚えているものです。

戦後間もない頃、進駐軍の兵隊さんが東北の田舎町にやってきました。

トラックの荷台で青いミカンの皮を剝《む》いている若いＧＩに、仲間のガキたちと一緒に手を差し伸べて物乞いをしました。

するとＧＩはミカンの果肉ではなく、皮のほうを私たちに投げてよこしたのです。競い合ってその皮を口に入れている手前どもを、蔑んだ目で見ていたＧＩをいまでも忘れることはありません。

そのことの屈辱が後年、ゼロ戦の軌跡をたどって、セスナのなかでＳＥＸをイタしながら、真珠湾上空に突入し、アメリカ連邦裁判所で懲役三百七十年の求刑を受けるという顚末《てんまつ》を招く要因となったのでした。

覚えがあるはずです。ほんのささやかな気遣いをされたことがたとえようもなく嬉しかったことを、です。そうしたことで自尊心がどれほど満足し、その人にいつまでも好意を持って忘れることがなかったかを、です。

逆に自分を辱《はずかし》めた人間には、手前どものように四十年経っても忘れることができず、復讐《ふくしゅう》せんと機会をうかがうことになるのかを、です。

人間の実相とは、キレイ事を言っていても、斯《か》くのごときに単純なものです。

あなたさまは寄って来る奥方の親戚の、モノ欲しそうな視線を受けて、「結婚詐欺！」のごとくに言い募っておられますが、不同意です。そうした考えは、いつか中国人の奥方を失望させることになるからです。

中国は豊かになったとはいえ、厳しい格差社会に生きています。社会福祉制度が不十分なあの国では、運に見放されて貧しさに堕《お》ちれば、飢え死にしなければなりません。

全ては自助努力で、信じられるものは国や社会ではなく、自分と親族だけなのです。そうした環境下に育った中国人の奥方は、自分の身内に対する態度は自分に向けられたものと理解します。

中国人は、親族イコール自分であるとの認識を持っています。ゆえに顔も身体も料理も、そして何より心が美しい奥方と同じように接するよう努めなければなりません。郷に入《い》れば郷に従え、と言います。大切なのは、奥方を好きなように、親族も好きになられるということです。

ある知人の男の話をします。男は中国で出会った中国人女性と結婚し、中国で幸せな生活を送っていました。

が、重篤《じゅうとく》な病気にかかり、妻と幼な児《ご》三人を引き連れ、日本に戻ってまいりました。中国人の奥方は、療養生活の夫に代わり中国語の通訳業に精を出し、家計を支えました。苦節十五年、奥方は立派に子供を育て上げて社会に送り出し、現在は地方の国立大学の中国語の講師となっています。

知人の男の病気は寛解《かんかい》の刻《とき》を迎え、夫婦の仲睦《なかむつ》まじさは人も羨《うらや》むほどです。

人生は一寸先は闇、明日はわが身なのです。奥方の親類縁者への「小さな贅沢《ぜいたく》」ともいえる施《ほどこ》しによって奥方が上機嫌になることで、なにかあなたさまに不都合があるのでしょうか。自分の愛する人の幸せな顔を見ることほど有頂天《うちょうてん》になることはありません。

この世に自分が生きている意味をしっかりと手にすることができるからです。

奥方との出会いのように、一生のうちに運命に導かれて出会うべき人に出会っているのが「人間だもの」でございます。

名付け親は道楽狂いのあの父

Q

父の名前は正義《せいぎ》、私の名前は正美《まさみ》。道楽狂いの父の名前が、なぜ正義なのか。あえてそこは問いません。でも、なぜ、私に自分の名前の一文字を授けたのか。しかも、「正しい」に「美しい」をプラスするなんて。「まさみです。正しいに美しいで、正美です」と言わなければならない娘の気持ちを考えたことがあるのか。「正月の正に美術の美で、正美です」と答えていたこともありましたが、それもなんだか恥ずかしく。オヤジ、「ボーっと生きてんじゃねーよ！」。

（静岡県・大学生・21歳）

A

せっかく親からつけていただいたご自身のお名前に納得がいかないご様子ですが、ご自分のお名前にそれほどこだわりを持つ必要があるのでしょうか。あなたらしさ、とは何でしょうか。それは、これまで社会とのかかわりのなかで育てあげてきたあなたさまの人間性、人柄の魅力であって、名前などとは無関係です。名前はあなたさまが与《あずか》り知らないときに親がつけてくれた記号で、本来の自分とは何の関係もないということを承知なされてはいかがでしょう。

気に入らなければ別の名前に改名する、という選択もあるのですから、まるで一生消えることのない傷のように、重大視してこだわりを持つことは無益なことです。

手前どもの本名は、あなたさまの雅《みやび》やかなお名前と一文字違いの「博美」と申します。名前の名付け親は両親ではなく、当時、両親が生活をしていた福島県の田舎の村役場の戸籍係でした。戦後の混乱期であったその頃、両親は四六時中忙しく働いていて、生まれてくる子供の名前のことまで気が回らなかったといいます。

そこで両親は、田舎では「学」があると評判だった役場の戸籍係の中年男性に、「代わりに名前を考えておいてほしい」と頼んだとのことでした。

件《くだん》の戸籍係は、男が生まれても女が生まれても両方に使えるようにと「博美」と名前を付け、生まれるのを待っていたというわけです。

こうした名前の由来は、高校に入ったときに母親から教えられて知りました。父親の名前は源一郎、祖父の名前は源蔵と、それなりに男らしい名前だったのに、どうして自分の名前が男女どちらにも使える中途半端な名前なのか、と実のところは不快でした。

「村西とおる」という芸名は、かつて盟友だった「西村」という男の苗字を逆さまにして「村西」と名乗ったものです。裏本で前科一犯となり、過去の自分とオサラバし、心機一転やりなおすために付けた名前です。「とおる」はそれで罷《まか》り「とおる」かどうかやってみよう、との心意気で付けたものでした。

この「村西とおる」の名前で、かれこれ四十年経ちました。一番気に入っているのは「姓名」などではなく、「監督」と呼ばれることとです。

監督であれば、もはや長嶋やクロサワではなく、この村西とおるの時代である、との増上慢《ぞうじょうまん》なことを考えてございます。

愚か者よ、とお笑いください。

あなたさまは人を評価するのに、その人の名前で判断する方《かた》でしょうか。

名前の呪縛《じゅばく》からご自身を解き放たれてください。死と同じように、どうにも変えることのできない事実にこだわっていては、何もいい効果は生まれることがありません。

どうにもならない過去に煩《わずら》わされることなく、気持ちの切り替えがなくては、名前のことばかりではなく、いつまでたっても幸せを摑むことができないのです。

そこまで自分の名前のことを気になされていて、何か得することがあるのですか。あるのでしたら、是非教えてください。

ちなみに、名は体《たい》を表すと言いますが、エロ事師《ごとし》という職業柄の経験上、こんなアテにならない諺《ことわざ》はありません。

「好」という名前の割には少しも「好《よ》く」なく、「鉄」という硬い名前なのにボッキ不全という真逆のケースが少なくないからです。

ハッキリと誤解を恐れずに申し上げれば、「オ〇ンコ」以外に万人から称賛される「名は体を表す」がないのが「人間だもの」でございます。

村西とおる（むらにし・とおる）

前科7犯、借金50億、米国司法当局から懲役370年を求刑された「AVの帝王」。

1948年9月9日生まれ。福島県出身。高校卒業後、上京し、英会話教材のセールスマン、テレビゲームリース業で成功をおさめた後、裏本制作販売に転じ、北大神田書店グループの会長に就任、「裏本の帝王」と呼ばれる。その後、黎明期のアダルト・ビデオ業界に参入。「顔射」、「駅弁」、「ハメ撮り」といった革新的なスタイルをAVに取り入れる。多くの人気AV女優を世に送り出し、1980年代のAV黄金期を築き上げた。これまでに3000本のAVを制作。2016年10月、その半生を綴った『全裸監督 村西とおる伝』（本橋信宏著・太田出版）が刊行。2018年8月、『全裸監督』がNetflixオリジナルシリーズとしてドラマ化。世界190カ国に配信。2021年、『全裸監督シーズン2』が配信。著書に『人生、死んでしまいたいときには下を見ろ、俺がいる。』『禁断の説得術 応酬話法』（ともに祥伝社新書）、『裸の資本論』（双葉社）、『村西とおる語録集』（パルコ）など多数。

村西とおるOFFICIAL WEBSITE　http://muranishitoru.com/

村西とおるの全裸人生相談　人間だもの
月刊『Hanada』で大好評連載中！

村西とおるの全裸人生相談
人間だもの

2021年4月9日　第1刷発行
2021年5月31日　第2刷発行

著　者　村西とおる
発行者　大山邦興
発行所　株式会社　飛鳥新社
〒101-0003　東京都千代田区一ツ橋2-4-3　光文恒産ビル
電話　03-3263-7770（営業）　03-3263-7773（編集）
http://www.asukashinsha.co.jp
装　幀　神長文夫＋松岡昌代
印刷・製本　中央精版印刷株式会社

ISBN 978-4-86410-833-1

編集担当　野中秀哉／月刊『Hanada』編集部／工藤博海